앞선 정보 제공! 도서 업데이트

언제, 왜 업데이트될까?

도서의 학습 효율을 높이기 위해 자료를 추가로 제공할 때!
공기업 · 대기업 필기시험에 변동사항 발생 시 정보 공유를 위해!
공기업 · 대기업 채용 및 시험 관련 중요 이슈가 생겼을 때!

01 시대에듀 도서
www.sdedu.co.kr/book
홈페이지 접속

02 상단 카테고리
「도서업데이트」
클릭

03 해당
기업명으로
검색

참고자료, 시험 개정사항 등 정보 제공으로 학습효율을 높여 드립니다.

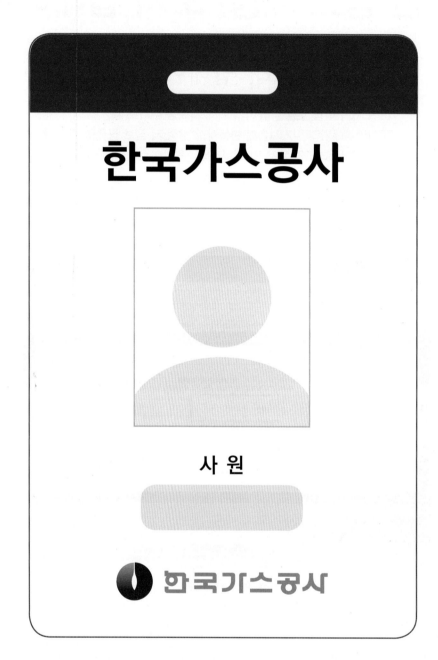

사이다

사일 동안
이것만 풀면
다 합격!

한국가스공사
NCS

시대에듀

2025 최신판 시대에듀 사이다 모의고사
한국가스공사 NCS

Always **with you**

사람의 인연은 길에서 우연하게 만나거나 함께 살아가는 것만을 의미하지는 않습니다.
책을 펴내는 출판사와 그 책을 읽는 독자의 만남도 소중한 인연입니다.
시대에듀는 항상 독자의 마음을 헤아리기 위해 노력하고 있습니다. 늘 독자와 함께하겠습니다.

머리말 PREFACE

천연가스의 상기·안정적 공급 기반 마련을 통한 국민 편익 증진과 공공복리 향상을 위해 설립된 한국가스공사는 2025년에 신입직원을 채용할 예정이다. 한국가스공사의 채용절차는 「입사지원서 접수 ➡ 서류전형 ➡ 필기전형 ➡ 면접전형 ➡ 신원조사 및 연수 ➡ 최종 합격자 발표」 순서로 이루어진다. 필기전형은 직업기초능력과 직무수행능력으로 진행한다. 그중 직업기초능력은 의사소통능력, 수리능력, 문제해결능력, 자원관리능력, 정보능력 총 5개의 영역을 평가한다. 2024년에는 피듈형으로 출제되었으며, 직무수행능력은 직무별 상이하므로 반드시 확정된 채용공고를 확인해야 한다. 따라서 필기전형에서 고득점을 받기 위해 다양한 유형에 대한 폭넓은 학습과 문제풀이능력을 높이는 등 철저한 준비가 필요하다.

한국가스공사 합격을 위해 시대에듀에서는 기업별 NCS 시리즈 누적 판매량 1위의 출간 경험을 토대로 다음과 같은 특징을 가진 도서를 출간하였다.

도서의 특징

❶ **합격으로 이끌 가이드를 통한 채용 흐름 확인!**
  • 한국가스공사 소개와 최신 시험 분석을 수록하여 채용 흐름을 파악하는 데 도움이 될 수 있도록 하였다.

❷ **기출응용 모의고사를 통한 완벽한 실전 대비!**
  • 철저한 분석을 통해 실제 유형과 유사한 기출응용 모의고사를 4회분 수록하여 시험 직전 4일 동안 자신의 실력을 점검하고 향상시킬 수 있도록 하였다.

❸ **다양한 콘텐츠로 최종 합격까지!**
  • 온라인 모의고사를 무료로 제공하여 필기전형에 대비할 수 있도록 하였다.
  • 모바일 OMR 답안채점/성적분석 서비스를 통해 자동으로 점수를 채점하고 확인할 수 있도록 하였다.

끝으로 본 도서를 통해 한국가스공사 채용을 준비하는 모든 수험생 여러분이 합격의 기쁨을 누리기를 진심으로 기원한다.

SDC(Sidae Data Center) 씀

◇ **설립목적**

> 천연가스의 장기 · 안정적 공급 기반 마련을 통한
> 국민 편익 증진과 공공복리 향상

◇ **기업이념**

> 좋은 에너지, 더 좋은 세상

◇ **비전**

> KOGAS, The Leader of Energy Innovation
> 에너지 혁신 리더, 한국가스공사

◇ **핵심가치**

안전 우선 / 미래 주도 / 열린 사고 / 소통 협력

◇ 전략방향 & 전략과제

| 공공성 강화 | | 1. 안정적 수급 관리
2. 고객만족 에너지 공급
3. 설비경쟁력 확보 |

공공성 강화
1. 안정적 수급 관리
2. 고객만족 에너지 공급
3. 설비경쟁력 확보

신성장동력 확충
4. 해외사업 성과 극대화
5. 사업 간 연계로 시너지 창출
6. 수소사업 기반 조성

글로벌 역량 확보
7. 선진 안전관리 체계 확립
8. 재무건전성 강화
9. 성과창출형 경영시스템 구축

ESG 경영 선도
10. 환경 중시 경영 강화(E)
11. 대국민 서비스 향상(S)
12. 공정·소통의 기업문화 정착(G)

◇ 인재상

책임실천인

주인의식을 가지고 자신의 일을
완수하며, 안전 우선의 ESG 가치 실현을
책임감 있게 실천하는 인재

혁신전문인

최고의 전문성 기반으로 급변하는
기업환경 변화를 통찰하고 혁신하여
기업의 미래성장을 주도하는 인재

소통협력인

상호신뢰관계를 바탕으로
적극적으로 소통하고 협업하여
조직의 공동목표 달성을 견인하는 인재

도전실행인

열린 사고로 새로운 가능성에
끊임없이 도전하고 실행하여
반드시 목표를 달성하는 인재

◇ 지원자격(공통)

❶ 연령 : 제한 없음(단, 한국가스공사 임금피크제도에 따라 만 58세 미만인 자)

❷ 학력 · 전공 : 제한 없음

❸ 병역 : 병역법 제76조에서 정한 병역의무 불이행 사실이 없는 자

❹ 연수원 입소일부터 입소 가능한 자

❺ 다음 결격사항에 해당하지 않는 자
- 한국가스공사 인사규정 제5조의 결격사유에 해당하는 자
- 공공기관에 부정한 방법으로 채용된 사실이 적발되어 합격 취소, 직권 면직 또는 파면 · 해임된 후 5년이 경과하지 않은 자

◇ 필기전형

구분	직무		내용
직업기초능력	전 직무		의사소통능력, 수리능력, 문제해결능력, 자원관리능력, 정보능력
직무수행능력	사무	경영	직무별 상이
		경제	
	기술	기계	
		전기	
		토목	

◇ 면접전형

구분	내용
직무면접	직무 관련 제시된 주제 또는 상황에 대해 개인별 일정시간(약 20~30분) 동안 워드프로세서 등을 활용하여 자료 작성 후 주제 발표
직업기초면접	공사 핵심가치, 인성검사 결과 및 입사지원서(자기소개서 포함)를 기반으로 개인별 직무를 수행하는 데 필요한 기초적인 역량 평가

❖ 위 채용 안내는 2025년 상반기 채용공고를 기준으로 작성하였으나, 세부내용은 반드시 확정된 채용공고를 확인하기 바랍니다.

2024년 기출분석 ANALYSIS

총평

한국가스공사의 필기전형은 NCS의 경우 영역별 순서대로 PSAT형의 비중이 높은 피듈형으로 출제되었다. 대체로 짧은 지문의 문제였으나, 총 50문항을 60분 내에 풀어야 했으므로 평소 여러 유형의 문제를 풀어보는 것이 중요해 보인다. 또한, 전공의 경우 직무별 50문항을 50분 내에 풀어야 했으므로 시간관리 연습과 더불어 꼼꼼한 대비가 필요하다.

◇ 영역별 출제 비중

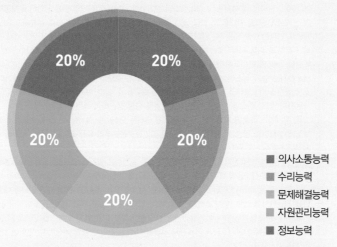

구분	출제 키워드
의사소통능력	• 친환경 에너지, 승정원일기, 선크림, 맞춤법, 보존 – 보전, 문서 작성 등
수리능력	• 경우의 수, A가 혼자 일한 시간 등
문제해결능력	• 명제, 승진 대상자, 법조문, 성급한 일반화의 오류, 권위에 복종하는 오류 등
자원관리능력	• 시차 등
정보능력	• 파워포인트, 함수, 알고리즘 등

주요 공기업 적중 문제 TEST CHECK

한국가스공사

03 다음 글의 내용으로 적절한 것은?

> 매년 급증하는 신재생에너지 공급의무화제도(RPS) 의무량 목표 달성을 위해서는 신재생에너지원 중에서 상대적으로 대용량 신재생에너지 공급 인증서(REC) 확보가 용이한 것을 선택해야 한다. 그리고 그것이 바로 연료전지 사업이다. 이에 K공사는 연료전지 사업에 박차를 가하고 있으며, 첫 주자로 신인천발전본부에서 연료전지 건설 사업을 추진하고 있다.
>
> 연료전지는 수소와 산소가 화학에너지를 전기에너지로 변환하는 고효율 친환경 미래 에너지 시스템이다. 수소와 산소를 결합하면 물이 만들어지는데, 이때 발생하는 에너지를 전기 형태로 바꾸는 방식이다. 반응할 때 생기는 수소와 산소의 전기화학 반응으로 전기와 열을 생산하기 때문에 고효율의 신재생에너지를 기대할 수 있다. 정부가 이미 연료전지를 신에너지원으로 분류하고 RPS 이행수단으로 인정한 만큼 K공사는 경제적인 RPS 이행을 위해 신인천발전본부 내에 연료전지 건설 사업을 추진하고, 이를 시작으로 신재생에너지 확대에 본격적으로 나서 현재 3%에 불과한 신재생에너지 비중을 2030년에는 20%까지 올릴 계획이다.
>
> 연료전지는 설치 장소에 제약이 적다는 장점이 있다. 규모와 관계없이 일정한 효율을 낼 수 있어 소형 발전소부터 MW급 발전소까지 다양하게 활용될 수 있다. 또한 중간에 발전기와 같은 장치를 사용하지 않고, 수소와 산소의 반응으로 전기를 직접 생산하기 때문에 발전효율이 높다. 무엇보다 소음, 유해가스 배출이 거의 없어 부지 확보가 어려운 도심에도 설치할 수 있다. 연료전지의 이 같은 특징에 부합하고 장점을 살릴 수 있는 곳이 신인천발전본부라 K공사가 연료전지 사업을 이곳에서 시작하는 이유이기도 하다.
>
> 신인천발전본부 연료전지 사업은 K공사가 최초로 도입하는 발전 사업으로, 신인천발전본부의 유휴 부지를 활용해 설비용량 20MW 연료전지 발전설비를 건설하게 된다. 총사업비 1,100억 원이 투입되는 이 사업은 2018년 8월 상업운전을 목표로 시작되었다. 대규모 사업비가 투입되는 대형 사업인 만큼 지난해 4월 정부 예비타당성조사에 착수, 약 10개월 동안 한국개발연구원 예비타당성조사를 완료했고, 올 3월 이사회에서 연료전지 건설 기본계획을 의결했다. 이후 6월 연료전지 건설 관련 계약 체결이 완료되면서 1단계 연료전지 사업을 15개월 동안 진행할 예정이며, 연이어 2단계 사업 진행을 검토하고 있다.
>
> K공사는 연료전지 사업에 다소 늦게 뛰어든 후발주자라 할 수 있다. 하지만 나중에 솟은 돌이 더 우뚝 서는 법. 복합화력의 비중이 높은 점을 내세워 향후 연료전지를 확대할 수 있는 저변이 마련돼 있다는 점에서 선제 우위를 점할 수 있다. 20MW 신인천발전본부 연료전지 사업이 완료되면 K공사는 예상 RPS 의무량의 약 12%를 충당할 수 있으며, 신인천발전본부 또한 연간 매출을 430억 원 이상 증대해 복합발전소 수익구조 개선에 기여할 것으로 기대된다.

① 연료전지는 전기에너지를 화학에너지로 변환하는 친환경 미래에너지 시스템이다.

② 아직 연료전지를 신에너지원으로 분류하고 있지 않지만 곧 지정될 예정이다.

17 1부터 9까지의 자연수가 하나씩 적힌 9장의 카드가 있다. 갑은 숫자 2, 5, 9가 적힌 카드를, 을은 숫자 1, 7, 8이 적힌 카드를, 병은 숫자 3, 4, 6이 적힌 카드를 각각 가지고 있다. 갑, 을, 병 세 사람이 동시에 카드를 한 장씩 꺼낼 때, 카드에 적힌 숫자가 가장 큰 사람이 갑이 되는 경우의 수는?

① 8가지   ② 9가지

③ 10가지   ④ 11가지

⑤ 12가지

한국전력공사

 성과급 ▶ 키워드

03 다음은 4분기 성과급 지급 기준이다. 부서원 A ~ E에 대한 성과평가가 다음과 같을 때, 성과급을 가장 많이 받을 직원 2명은?

<성과급 지급 기준>

- 성과급은 성과평가등급에 따라 다음 기준으로 지급한다.

등급	A	B	C	D
성과급	200만 원	170만 원	120만 원	100만 원

- 성과평가등급은 성과점수에 따라 다음과 같이 산정된다.

성과점수	90점 이상 100점 이하	80점 이상 90점 미만	70점 이상 80점 미만	70점 미만
등급	A	B	C	D

- 성과점수는 개인실적점수, 동료평가점수, 책임점수, 가점 및 벌점을 합산하여 산정한다.
  - 개인실적점수, 동료평가점수, 책임점수는 각각 100점 만점으로 산정된다.
  - 세부 점수별 가중치는 개인실적점수 40%, 동료평가점수 30%, 책임점수 30%이다.
  - 가점 및 벌점은 개인실적점수, 동료평가점수, 책임점수에 가중치를 적용하여 합산한 값에 합산한다.
- 가점 및 벌점 부여기준
  - 분기 내 수상내역 1회, 신규획득 자격증 1개당 가점 2점 부여

IF 함수 ▶ 키워드

06 다음은 J공사에 지원한 지원자들의 PT면접 점수를 정리한 자료이며, 각 사원들의 점수 자료를 통해 면접 결과를 정리하고자 한다. 이를 위해 [F3] 셀에 <보기>와 같은 함수식을 입력하고, 채우기 핸들을 이용하여 [F6] 셀까지 드래그 했을 경우, [F3] ~ [F6] 셀에 나타나는 결괏값으로 옳은 것은?

◢	A	B	C	D	E	F
1						(단위 : 점)
2	이름	발표내용	발표시간	억양	자료준비	결과
3	조재영	85	92	75	80	
4	박슬기	93	83	82	90	
5	김현진	92	95	86	91	
6	최승호	95	93	92	90	

보기

=IF(AVERAGE(B3:E3)>=90,"합격","불합격")

	[F3]	[F4]	[F5]	[F6]
①	불합격	불합격	합격	합격
②	합격	합격	불합격	불합격
③	합격	불합격	합격	불합격
④	불합격	합격	불합격	합격
⑤	불합격	불합격	불합격	합격

학습플랜 STUDY PLAN

1일 차 학습플랜 1일 차 기출응용 모의고사

_____ 월 _____ 일

의사소통능력	수리능력	문제해결능력

자원관리능력	정보능력

2일 차 학습플랜 2일 차 기출응용 모의고사

_____ 월 _____ 일

의사소통능력	수리능력	문제해결능력

자원관리능력	정보능력

3일 차 학습플랜   3일 차 기출응용 모의고사

_____월 _____일		
의사소통능력	수리능력	문제해결능력

자원관리능력	정보능력

4일 차 학습플랜   4일 차 기출응용 모의고사

_____월 _____일		
의사소통능력	수리능력	문제해결능력

자원관리능력	정보능력

취약영역 분석 WEAK POINT

1일 차 취약영역 분석

시작 시간	:		종료 시간	:	
풀이 개수		개	못 푼 개수		개
맞힌 개수		개	틀린 개수		개
취약영역 / 유형					
2일 차 대비 개선점					

2일 차 취약영역 분석

시작 시간	:		종료 시간	:	
풀이 개수		개	못 푼 개수		개
맞힌 개수		개	틀린 개수		개
취약영역 / 유형					
3일 차 대비 개선점					

3일 차 취약영역 분석

시작 시간	:	종료 시간	:
풀이 개수	개	못 푼 개수	개
맞힌 개수	개	틀린 개수	개
취약영역 / 유형			
4일 차 대비 개선점			

4일 차 취약영역 분석

시작 시간	:	종료 시간	:
풀이 개수	개	못 푼 개수	개
맞힌 개수	개	틀린 개수	개
취약영역 / 유형			
시험일 대비 개선점			

이 책의 차례 CONTENTS

문 제 편 한국가스공사 NCS

1일 차 기출응용 모의고사	2
2일 차 기출응용 모의고사	36
3일 차 기출응용 모의고사	68
4일 차 기출응용 모의고사	102

해 설 편 정답 및 해설

1일 차 기출응용 모의고사	2
2일 차 기출응용 모의고사	9
3일 차 기출응용 모의고사	17
4일 차 기출응용 모의고사	24
OMR 답안카드	

1일 차
기출응용 모의고사

〈문항 및 시험시간〉

영역	문항 수	시험시간	모바일 OMR 답안채점 / 성적분석 서비스
의사소통능력＋수리능력＋문제해결능력 ＋자원관리능력＋정보능력	50문항	60분	

1일 차 기출응용 모의고사

문항 수 : 50문항
시험시간 : 60분

01 다음 중 밑줄 친 ㉠ ~ ㉣에 대한 설명으로 적절하지 않은 것은?

뇌 안에서 어떤 일이 일어나고 있는지를 어떻게 알 수 있을까? 뇌를 연구하는 과학자들조차 뇌 안에서 일어나고 있는 활동을 육안으로 볼 수는 없다. 성능 좋은 현미경으로도 볼 수 없는 살아있는 인간의 뇌 활동을 들여다보는 기술이 바로 뇌 영상 기술이다. 1970년대에 개발된 CT를 시초로 하여 PET, MRI, fMRI 등 다양한 뇌 영상 기술이 연달아 등장하였다.

㉠ CT(컴퓨터 단층 촬영)는 인체 내부 장기마다 X선을 투과하는 양이 다르다는 성질을 이용하여 인체 내부 단면을 촬영하는 장치이다. CT는 X선 발생 장치가 설치된 도넛형의 기계가 돌아가면서 X-ray를 여러 번 찍은 후 그 영상들을 조합하여 컴퓨터상에 인체의 횡단면에 해당하는 하나의 영상을 만들어 낸다. 15초 정도면 영상 자료를 얻을 수 있기 때문에 응급 환자의 진단을 위해 주로 활용한다. 또 X선을 통해 혈액 등을 구별할 수 있기 때문에 뇌출혈 등의 진단에도 활용할 수 있다. 하지만 뇌가 어떻게 작용하고 있는지는 볼 수 없다.

CT 이후 방사성 의약품을 이용해 인체의 생화학적 상태를 3차원 영상으로 나타낼 수 있는 ㉡ PET(양전자단층 촬영술)가 등장하였다. 방사성 포도당은 특수 카메라나 스캐너로 볼 수 있는 양전자를 방사하기 때문에 소량의 방사성 포도당을 환자의 몸에 주입한 후 뇌의 뉴런들이 포도당을 이용하는 상황을 PET로 찍는다. 이 기술은 우리 뇌가 포도당과 산소를 원료로 이용한다는 것을 고려한 것으로, 뇌 활동이 활발한 곳은 붉은색으로, 별로 활발하지 않은 곳은 파란색으로 나타난다. PET는 신체의 생화학적 변화를 탐지할 수 있기 때문에 뇌종양, 뇌신경계 질환 등의 조기 진단에 활용되고, 암세포가 정상 세포보다 포도당을 많이 흡수하는 성질을 이용하여 방사성 포도당이 많이 모인 곳을 찾음으로써 암의 위치를 발견하는 데도 쓰인다.

CT와 PET가 방사선을 이용한 기술이라는 점과 달리 ㉢ MRI(자기공명 영상 장치)는 고주파에 의해 몸속의 특정 원소인 수소 원자핵을 공명시켜 각 조직에서 나오는 신호를 디지털 정보로 변환하여 영상을 구현하는 장치이다. MRI는 엄청난 자력을 이용하여 환자의 몸 주변에 자기장을 만들고, 전자파를 환자에게 발사한다. 작은 자석처럼 활동하는 몸의 원자들이 MRI 전자파에 부딪혀 자체의 파동을 생성하면 MRI는 그 파동을 측정하고 컴퓨터를 통해 이를 사진으로 변환한다. 이 장치는 좁은 터널에 들어가야 하므로 폐소공포증이 있는 환자에게는 사용할 수 없지만, 해상도가 뛰어나기 때문에 뇌신경계 질환을 진단하기에 효율적이다.

MRI는 CT와 달리 횡단면, 종단면, 측면, 사면 등 3차원 영상을 제공한다. 하지만 자기장을 사용하는 기술이므로 심장 박동기나 치아 보철물 등 자기장을 형성할 수 있는 인공 장치가 몸에 있는 사람은 이용할 수가 없다.

기능성 MRI인 ⓔ fMRI는 뇌가 활동이 많은 부위일수록 많은 산소가 필요하다는 것을 활용하여 뇌 혈류 속의 산소 수준을 반복 측정하여 뇌의 기능적 활성화 부위를 표시하는 방식으로 뇌 영상을 구현한다. 환자에게 어떤 이미지를 제시한 후 인지 과제를 수행할 때의 뇌 활성과 그렇지 않을 때의 뇌 활성을 비교함으로써 특정한 행위나 의식과 연관된 뇌 부위를 찾아 이를 뇌 단면의 해부 구조를 나타내는 영상 위에 색채로 표시해 주는 방식이다.

지난 20여 년 동안 급격히 발전해 온 뇌 영상 기술은 인간에게 뇌에 대한 풍부한 정보를 제공했을 뿐만 아니라 뇌출혈, 뇌경색, 뇌종양 등 그간 속수무책이었던 질병을 치료할 수 있게 해주었다. 또 인지과학이나 심리학의 영역에서는 최근의 뇌 영상 기술이 전통적인 방법보다 인간의 마음과 행동을 이해하는 좀 더 정확한 방법으로 인정되고 있다. 법학 분야에서는 뇌 영상 자료가 법정에서 증거 능력이 있는 것으로 여겨져야 한다는 주장이 활발하게 제기되고 있다. 기존의 거짓말 탐지기보다 훨씬 정확한 결과를 보증하기 때문이다.

① ⓒ과 달리 ㉠, ㉡은 방사선을 이용한 기술이다.
② ㉡과 ⓒ은 뇌에 대한 3차원적 영상을 제공한다.
③ ㉠보다 ㉡, ⓒ이 뇌신경질환 진단에 효율적이다.
④ ㉡과 ⓔ은 뇌의 활동 부위를 색채로 표시해 주는 방식이다.
⑤ ㉠과 ㉡은 환자에게 의약품을 투여하여야 영상을 얻을 수 있다.

02 다음 중 맞춤법에 맞게 표기된 것은?

① 넙따란　　　　　　　　② 넓적한
③ 넉두리　　　　　　　　④ 얇팍한
⑤ 몇일

03 다음은 지적 및 공간정보 용어해설집의 일부 내용이다. 밑줄 친 ㉠ ~ ㉤의 수정 방안으로 가장 적절한 것은?

지적공부	지적공부라 함은 토지대장·지적도·임야대장·임야도 및 수치지적부로서 내무부령이 ㉠ <u>정하는 바에 의하여</u> 작성된 대장 및 도면과 전산 정보처리조직에 의하여 처리할 수 있는 형태로 작성된 파일(이하 지적 파일이라 한다)을 말한다.
지적측량	토지에 대한 물권이 미치는 한계를 ㉡ <u>밝히기 위한</u> 측량으로서 토지를 지적공부에 ㉢ <u>등록하거나</u> 지적공부에 등록된 경계를 지표상에 복원할 목적으로 소관청이 직권 또는 이해관계인의 신청에 의하여 각 필지의 경계 또는 좌표와 면적을 정하는 측량을 말하며 기초측량과 세부측량으로 구분한다. 지적법에는 지적측량이라 함은 토지를 지적공부에 등록하거나 지적공부에 등록된 경계를 지표상에 복원할 목적으로 소관청이 직권 또는 이해관계인의 신청에 의하여 각 필지의 경계 또는 좌표와 면적을 정하는 측량을 말한다로 규정되어 있다.
지목	지목이라 함은 토지의 주된 사용 목적 또는 용도에 따라 토지의 종류를 구분·표시하는 명칭을 말한다.
지목변경	지목변경이라 함은 지적공부에 등록된 지목을 다른 지목으로 바꾸어 등록하는 것을 말한다.
지번설정지역	지번설정 지역이라 함은 리·동 또는 이에 준하는 지역으로서 지번을 설정하는 단위 지역을 말한다.
필지	필지라 함은 하나의 지번이 ㉣ <u>붙는</u> 토지의 등록단위를 말한다.
분할	분할이라 함은 지적공부에 등록된 1필지를 2필지 이상으로 나누어 등록하는 것을 말한다.
소관청	소관청이라 함은 지적공부를 ㉤ <u>관리하는</u> 시장(구를 두는 시에 있어서는 구청장을 말한다)·군수를 말한다.

① ㉠ : 띄어쓰기가 잘못되었으므로 '정하는바에 의하여'로 수정한다.

② ㉡ : 문맥상 의미에 따라 '밝히기 위한'으로 수정한다.

③ ㉢ : 띄어쓰기가 잘못되었으므로 '등록 하거나'로 수정한다.

④ ㉣ : 문맥상 의미에 따라 '붙는'으로 수정한다.

⑤ ㉤ : 맥락상 적절한 단어인 '컨트롤하는'으로 수정한다.

04 다음 중 밑줄 친 부분과 같은 의미로 쓰인 것은?

> 아이의 잘못된 습관은 부모가 바로 <u>잡아야</u> 한다.

① 경찰이 도망간 범인을 <u>잡았다</u>.
② 새로운 세력이 주도권을 <u>잡았다</u>.
③ 탐정이 미해결 사건의 단서를 <u>잡았다</u>.
④ 은행에서는 집을 담보로 <u>잡고</u> 돈을 빌려준다.
⑤ 그는 다시 마음을 <u>잡고</u> 부지런하게 살기로 다짐했다.

05 다음 중 〈보기〉의 문장이 들어갈 위치로 가장 적절한 곳은?

글을 잘 짓는 사람은 병법을 잘 알고 있는 것이로다. 글자는 말하자면 군사요, 뜻은 말하자면 장수에 해당한다. 제목은 적국이요, 전거(典據)로 삼을 지식은 전장(戰場)의 보루(堡壘)와 같다. 글자를 묶어서 구로 만들고 구를 합해서 문장을 이루는 것은 대열을 짓고 진을 짜는 것과 같으며, 운을 가다듬어 소리를 내고 수사로써 빛을 내는 것은 북과 종을 울리고 깃발을 펄럭이는 것과 같은 것이다. (가) 전투를 잘하는 사람에게는 버릴 군사가 없고 글을 잘 짓는 사람에게는 쓰지 못할 글자가 없다. 만약에 적당한 장수만 얻는다면 괭이, 자루, 막대기만 든 농군이 날래고 사나운 군사가 될 수 있다. (나) 마찬가지로 나름대로 이치를 담고만 있다면 집안에서 나누는 일상 대화도 교과서에 실을 수 있고 아이들 노래와 속담도 훌륭한 고전의 사전에 넣을 수 있다. (다) 그러므로 글이 정교하지 못한 것이 글자의 탓은 아니다.

글 지을 줄 모르는 사람이 속으로 아무런 요량도 없이 갑자기 글 제목을 만났다고 하자. 겁결에 산 위의 풀과 나무에 지레 걸려 넘어지듯 눈앞의 붓과 먹이 다 결딴나고, 머릿속에 기억하고 외우던 문자조차 쓸모없이 흩어져서 남는 것이 없으리라. 그래서 글을 짓는 사람의 걱정은 언제나 제풀에 갈팡질팡 길을 잃고 요령(要領)을 잡지 못하는 데 있는 것이다. (라) 길을 잃어버리고 나면 한 글자도 어떻게 쓸 줄 모르는 채 더디고 까다로움만을 고되게 여기게 되고, 글의 전체 핵심을 잡지 못하면 겹겹으로 꼼꼼히 둘러싸 놓고서도 글이 허술하게 된다. (마) 한마디의 말만 가지고도 요점을 찌르며 나가면 마치 적의 아성(牙城)으로 감쪽같이 쳐들어가는 격이요, 단 한 구절의 말만 가지고도 핵심을 끌어낸다면 마치 적의 힘이 다할 때를 기다렸다가 드디어 그 진지를 함락시키는 것과 같다. 글 짓는 묘리(妙理)는 바로 이와 같아야 최상이라 할 수 있다.

〈보기〉

비유해 말하자면 아무리 맹장이라도 군대가 한 번 제 길을 잃어버릴 때에는 최후의 운명을 면치 못하며, 적의 움직임을 파악하지 못하면 아무리 물샐틈없이 포위한 때에라도 적이 빠져 도망칠 틈이 있는 것과 같다.

① (가) ② (나)
③ (다) ④ (라)
⑤ (마)

'이해'와 '설명'은 모두 과학의 중요한 방법론으로 사용됐다. 그중 이해는 주로 인간의 정신세계를 다루는 '정신과학'의 중요한 방법론이 되었던 반면, 설명은 자연적 대상을 다루는 '자연 과학'의 중요한 방법론이 되어 왔다. 그렇다면 '인간의 행위'는 과연 이해의 대상으로 보아야 할까, 아니면 설명의 대상으로 보아야 할까?

본능적인 행동을 제외한 인간의 행위 대부분은 어떤 의도를 담고 있다는 점에서, 인간의 행위는 단순히 물리적인 자연 현상이 아니라 정신세계와 밀접하게 관련되어 있다고 볼 수 있다. 따라서 정신과학의 독자성을 주장하는 학자들은 인간의 행위를 설명의 대상이 아니라 이해의 대상으로 보는 것이 더 자연스럽다고 생각했다. 물론 타인의 의도를 파악하여 행위를 이해하는 것은 쉬운 일이 아니다. 그렇지만 같은 인간이라는 삶의 공통성을 기반으로 타인의 체험을 자신의 체험처럼 느끼는 과정을 통해 인간의 행위를 이해할 수 있다는 것이다. 하지만 이러한 방법론은 객관성을 확보하기가 쉽지 않다. 이 문제를 해결하기 위해 이해의 방법론을 체계적으로 확립한 철학자인 딜타이는 '객관적 정신'을 내세웠다. 객관적 정신은 개별적인 인간 정신의 상호 작용으로 산출되는 집단정신의 산물이라고 할 수 있다. 따라서 객관적 정신을 통해 '이해의 객관성'도 확보할 수 있다는 것이다. 하지만 서로 다른 공동체에 속해 있거나 서로 다른 시대에 살고 있다면 객관적 정신을 완전히 보장하기 어렵다는 점에서 이 주장은 한계를 지닐 수밖에 없다.

이에 대해 모든 과학의 통일을 주장하는 학자들은 인과적 설명으로 인간의 행위를 비롯한 모든 것에 답할 수 있다고 생각했다. 자연에서 일어나는 개별 현상을 보편 법칙에 포섭하여 대상을 인과적으로 규명하는 방법론인 설명은 인간의 행위를 규명할 때에도 유용한 방법론이 될 수 있다는 것이다. 그러므로 이들은 인간의 행위를 다룰 때도 개별적 특성 하나하나에 관심을 두기보다 그 행위를 포섭할 수 있는 보편 법칙의 수립에 더 관심을 두어야 한다고 보았다. 즉, 인간의 행위를 어떤 보편 법칙 속에 포섭되는 하나의 사례로 보고 인과적으로 설명할 수 있다는 것이다. 더 나아가 개별 행위를 포섭하는 보편 법칙이 객관성을 갖는다면 그 행위에 대한 설명 역시 객관성을 확보할 수 있다고 보았다. 그리고 이들은 행위에 담긴 의도가 무엇인지를 파악하는 것보다 그런 의도가 왜 생겨났는가를 묻는 것이 더 의미 있는 질문이라고 생각했다.

그렇다고 해도 ⊙ 설명이 이해를 완전히 대체할 수 있는 것은 아니다. 인간의 정신세계에 속하는 의도는 자연처럼 관찰이나 실험으로 파악하기 어렵기 때문이다. 그뿐만 아니라 인간의 정신세계는 어떤 법칙을 따르기보다 개인의 판단에 따라 자율적으로 작동하는 경우가 많다. 이런 점에서 자신의 체험에 비추어 타인의 의도를 개별적으로 파악하는 이해는 인간의 행위를 파악하는 데 필요하다. 그렇지만 인간의 의도를 모든 상황에서 모두 이해하는 것도 결코 쉬운 일은 아니다. 또한 행위에 담긴 의도를 이해하더라도 그런 의도가 생긴 원인까지 알기는 어렵다. 더 나아가 행위는 결코 의도되지 않은 결과로 나타날 수도 있다. 이러한 문제점들을 해결하기 위해서는 이해보다 설명이 더 유용할 수 있다. 이런 점을 종합해 볼 때, 인간의 행위를 연구하는 방법론으로서의 이해와 설명은 상호 대립적인 관계가 아니라 상호 보완적인 관계여야 할 것이다.

06 다음 중 윗글을 바탕으로 '객관적 정신'에 대해 이해한 내용으로 가장 적절한 것은?

① '객관적 정신'은 상반된 인식의 차이를 부각한다.
② '객관적 정신'은 타인을 이해하는 과정에 순서를 부여한다.
③ '객관적 정신'은 대상을 상황에 따라 다르게 인식하도록 한다.
④ '객관적 정신'은 자신과 타인을 이해하는 공통의 기반이 된다.
⑤ '객관적 정신'은 집단정신의 정당성에 근본적인 문제를 제기한다.

07 다음 〈보기〉 중 밑줄 친 ㉠의 이유에 해당하는 것을 모두 고르면?

---〈보기〉---
ㄱ. 타인의 행위에 담긴 의도에 공감하기가 쉽지 않기 때문에
ㄴ. 인간이 지닌 의도는 관찰이나 실험의 대상과는 성격이 다르기 때문에
ㄷ. 인간의 모든 행위를 포섭할 수 있는 보편 법칙을 세우는 것이 어렵기 때문에
ㄹ. '의도가 무엇인가.'에 대한 대답보다 '그 의도가 왜 생겼는가.'에 대한 대답이 더 중요하기 때문에

① ㄱ, ㄴ　　　　　　　　　　　　② ㄱ, ㄷ
③ ㄴ, ㄷ　　　　　　　　　　　　④ ㄴ, ㄹ
⑤ ㄷ, ㄹ

08 다음 중 빈칸에 들어갈 내용으로 가장 적절한 것은?

> 1979년 경찰관 출신이자 샌프란시스코 시의원이었던 댄 화이트는 시장과 시의원을 살해했다는 이유로 1급 살인죄로 기소되었다. 화이트의 변호인은 피고인이 스낵을 비롯해 컵케이크, 캔디 등을 과다 섭취해서 당분 과다로 뇌의 화학적 균형이 무너져 정신에 장애가 왔다고 주장하면서 책임 경감을 요구하였다. 재판부는 변호인의 주장을 인정하여 계획 살인죄보다 약한 일반 살인죄를 적용하여 7년 8개월의 금고형을 선고했다. 이 항변은 당시 미국에서 인기 있던 스낵의 이름을 따 '트윙키 항변'이라 불렸고 사건의 사회성이나 의외의 소송 전개 때문에 큰 화제가 되었다.
>
> 이를 계기로 1982년 슈엔달러는 교정시설에 수용된 소년범 276명을 대상으로 섭식과 반사회 행동의 상관관계에 대해 실험을 하였다. 기존의 식단에서 각설탕을 꿀로 바꾸어 보고, 설탕이 들어간 음료수에서 천연 과일 주스를 주는 등으로 변화를 주었다. 이처럼 정제한 당의 섭취를 원천적으로 차단한 결과 시설 내 폭행, 절도, 규율 위반, 패싸움 등이 실험 전에 비해 무려 45%나 감소했다는 것을 알게 되었다. 따라서 이 실험을 통해

① 과다한 영양섭취가 범죄 발생에 영향을 미친다는 것을 알 수 있다.
② 과다한 정제당 섭취는 반사회적 행동을 유발할 수 있다는 것을 알 수 있다.
③ 가공 식품의 섭취가 일반적으로 폭력 행위를 증가시킨다는 것을 알 수 있다.
④ 정제당 첨가물로 인한 범죄 행위는 그 책임이 경감되어야 한다는 것을 알 수 있다.
⑤ 범죄 예방을 위해 교정시설 내에 정제당을 제공하지 말아야 한다는 것을 알 수 있다.

09 다음 제시된 문장을 읽고, 이어질 문장을 논리적 순서대로 바르게 나열한 것은?

> 전 세계적으로 온난화 기체 저감을 위한 습지 건설 기술은 아직 보고된 바가 없으며 관련 특허도 없다.

> (가) 동남아시아 등에서 습지를 보존하고 복원하는 데 국내 개발 기술을 활용하면
> (나) 이산화탄소를 고정하고 메탄을 배출하지 않는 인공 습지를 개발하면
> (다) 기존의 목적에 덧붙여 온실가스를 제거하는 새로운 녹색 성장 기술로 사용할 수 있으며
> (라) 기술 이전에 따른 별도 효과도 기대할 수 있을 것이다.

① (가) – (나) – (다) – (라)   ② (가) – (다) – (나) – (라)
③ (나) – (가) – (다) – (라)   ④ (나) – (다) – (가) – (라)
⑤ (라) – (가) – (나) – (다)

10 다음 글의 주장에 대한 비판으로 가장 적절한 것은?

> 고대 그리스 시대의 사람들은 신에 의해 우주가 운행된다고 믿는 결정론적 세계관 속에서 신에 대한 두려움 또는 신이 야기한다고 생각되는 자연재해나 천체 현상 등에 대한 두려움을 떨치지 못했다. 에피쿠로스는 당대의 사람들이 이러한 잘못된 믿음에서 벗어나도록 하는 것이 중요하다고 보았고, 이를 위해 인간이 행복에 이를 수 있도록 자연학을 바탕으로 자신의 사상을 전개하였다.
> 에피쿠로스는 신의 존재는 인정하나 신의 존재 방식이 인간이 생각하는 것과는 다르다고 보고, 신은 우주들 사이의 중간 세계에 살며 인간사에 개입하지 않는다는 이신론(理神論)적 관점을 주장한다. 그는 불사하는 존재인 신은 최고로 행복한 상태이며, 다른 어떤 것에게도 고통을 주지 않고, 모든 고통은 물론 분노와 호의와 같은 것으로부터 자유롭다고 말한다. 따라서 에피쿠로스는 인간의 세계가 신에 의해 결정되지 않으며, 인간의 행복도 자율적 존재인 인간 자신에 의해 완성된다고 본다.
> 한편 에피쿠로스는 인간의 영혼도 육체와 마찬가지로 미세한 입자로 구성된다고 본다. 영혼은 육체와 함께 생겨나고 육체와 상호작용하며 육체가 상처를 입으면 영혼도 고통을 받는다. 더 나아가 육체가 소멸하면 영혼도 함께 소멸하게 되어 인간은 사후(死後)에 신의 심판을 받지 않으므로, 살아 있는 동안 인간은 사후에 심판이 있다고 생각하여 두려워할 필요가 없게 된다. 이러한 생각은 인간으로 하여금 죽음에 대한 모든 두려움에서 벗어나게 하는 근거가 된다.

① 신은 우리가 생각하는 것처럼 인간 세계에 대해 그다지 관심이 많지 않다.
② 인간은 신을 믿지 않기 때문에 두려움도 느끼지 않는다.
③ 신이 만든 인간의 육체와 영혼은 서로 분리될 수 없으므로 사후세계는 인간의 허상에 불과하다.
④ 신은 인간 세계에 개입하지 않으므로 신의 섭리에 따라 인간의 삶을 이해하려 해서는 안 된다.
⑤ 인간이 아픔 때문에 죽음에 대해 두려움을 느낀다면, 사후에 대한 두려움을 떨쳐버리는 것만으로 두려움은 해소될 수 없다.

※ 다음은 K국의 교통사고 사상자 2,500명 대해 조사한 자료이다. 이어지는 질문에 답하시오. **[11~12]**

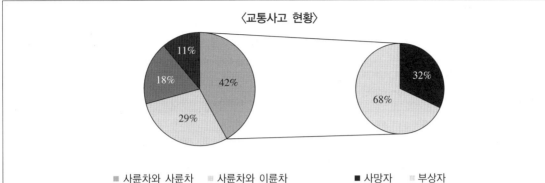

〈교통사고 현황〉

- ■ 사륜차와 사륜차   ■ 사륜차와 이륜차   ■ 사망자   □ 부상자
- ■ 사륜차와 보행자   ■ 이륜차와 보행자

※ 사상자 수와 가해자 수는 같음

〈교통사고 가해자 연령〉

구분	20대	30대	40대	50대	60대 이상
비율	38%	21%	11%	8%	( )

※ 교통사고 가해자 연령 비율의 합은 100%임

11 다음 중 자료에 대한 설명으로 옳지 않은 것은?

① 교통사고 가해자 연령에서 60대 이상의 비율은 30대보다 높다.

② 사륜차와 사륜차 교통사고 사망사건 가해자가 모두 20대라고 할 때, 20대 가해건수의 35% 이상을 차지한다.

③ 이륜차와 관련된 교통사고의 가해자 연령대가 모두 30대 이하라고 할 때, 30대 이하 가해건수의 70% 이상을 차지한다.

④ 보행자와 관련된 교통사고의 40%는 사망사건이라고 할 때, 보행자 관련 사망건수는 사륜차와 사륜차의 교통사고 건수보다 적다.

⑤ 사륜차와 이륜차 교통사고 사망자와 부상자의 비율이 사륜차와 사륜차 교통사고 사망자와 부상자 비율의 반대라고 할 때, 사륜차와 이륜차 교통사고 사망자 수가 사륜차와 사륜차 교통사고 사망자 수보다 많다.

12 이륜차 또는 보행자와 관련된 교통사고 중 가해자의 20%가 20대라고 할 때, 이 인원이 20대 가해자에서 차지하는 비율은 얼마인가?(단, 비율은 소수점 첫째 자리에서 버림한다)

① 10%   ② 15%

③ 20%   ④ 25%

⑤ 30%

13 다음은 2020년부터 2024년 2분기까지 OECD 회원 6개국의 고용률을 조사한 자료이다. 이에 대한 설명으로 옳지 않은 것은?

<OECD 회원 6개국의 고용률 추이>

(단위 : %)

구분	2020년	2021년	2022년	2023년				2024년	
				1분기	2분기	3분기	4분기	1분기	2분기
OECD 평균	64.9	65.1	66.2	66.8	66.1	66.3	66.5	66.8	66.9
미국	67.1	67.4	68.7	68.5	68.7	68.7	68.9	69.3	69.2
일본	70.6	71.7	73.3	73.1	73.2	73.4	73.7	74.1	74.2
영국	70.0	70.5	72.7	72.5	72.5	72.7	73.2	73.3	73.6
독일	73.0	73.5	74.0	74.0	73.8	74.0	74.2	74.4	74.5
프랑스	64.0	64.1	63.8	63.8	63.8	63.8	64.0	64.2	64.2
한국	64.2	64.4	65.7	65.7	65.6	65.8	65.9	65.9	65.9

※ OECD 평균은 OECD 전체 가입국의 평균 고용률을 뜻함

① 2024년 1분기와 2분기에서 2개 국가는 고용률이 변하지 않았다.

② 2020년부터 영국의 고용률은 계속 증가하고 있다.

③ 2024년 1분기 6개 국가의 고용률 중 가장 높은 국가와 가장 낮은 국가의 고용률 차이는 10.2%p이다.

④ 2020년부터 2024년 2분기까지 프랑스와 한국의 고용률은 OECD 평균 고용률을 넘은 적이 한 번도 없었다.

⑤ 2024년 2분기 OECD 평균 고용률은 작년 동기 대비 약 1.21% 증가하였으며, 직전 분기 대비 약 0.15% 증가하였다.

14 남자 2명, 여자 3명 중 두 명의 대표를 선출한다고 한다. 이때, 대표가 모두 여자로 선출될 확률은?

① $\dfrac{7}{10}$

② $\dfrac{3}{5}$

③ $\dfrac{1}{2}$

④ $\dfrac{2}{5}$

⑤ $\dfrac{3}{10}$

15 다음은 세계 에너지 소비실적 및 수요전망에 대한 자료이다. 이에 대한 설명으로 옳지 않은 것은?

<세계 에너지 소비실적 및 수요전망>

(단위 : Moe)

구분	소비실적		수요전망					2024 ~ 2045년 연평균 증감률(%)
	2000년	2024년	2025년	2030년	2035년	2040년	2045년	
OECD	4,522	5,251	5,436	5,423	5,392	5,399	5,413	0.1
미국	1,915	2,136	2,256	2,233	2,197	2,192	2,190	0.1
유럽	1,630	1,769	1,762	1,738	1,717	1,704	1,697	−0.1
일본	439	452	447	440	434	429	422	−0.2
Non − OECD	4,059	7,760	9,151	10,031	10,883	11,656	12,371	1.7
러시아	880	741	730	748	770	798	819	0.4
아시아	1,588	4,551	5,551	6,115	6,653	7,118	7,527	1.8
중국	879	2,909	3,512	3,802	4,019	4,145	4,185	1.3
인도	317	788	1,004	1,170	1,364	1,559	1,757	2.9
중동	211	680	800	899	992	1,070	1,153	1.9
아프리카	391	739	897	994	1,095	1,203	1,322	2.1
중남미	331	611	709	784	857	926	985	1.7
합계	8,782	13,361	14,978	15,871	16,720	17,529	18,293	1.1

① 2024년 아시아 에너지 소비실적은 2000년의 3배 이상이다.

② Non − OECD 국가의 에너지 수요전망은 2024 ~ 2045년 연평균 1.7%씩 증가한다.

③ 2000년 전체 소비실적에서 중국과 인도의 에너지 소비실적 합의 비중은 13% 이상이다.

④ 중남미의 소비실적과 수요전망은 모두 증가하고 있다.

⑤ OECD 국가의 수요전망은 2040년부터 증가 추세로 돌아선다.

16 20층 건물에서 각 층의 기압을 측정하려고 한다. 1층의 계기판기압에 표시된 값은 200kPa이며, 한 층씩 높아질 때마다 0.2kPa의 기압이 떨어진다고 할 때, 16층의 기압은 얼마인가?

① 184kPa　　　　　　　　　　② 187kPa

③ 194kPa　　　　　　　　　　④ 197kPa

⑤ 200kPa

17 다음 숫자 배열 (가) ~ (다)의 공통적인 특성을 〈보기〉에서 모두 고르면?

(가) 2, 3, 6, 7, 8
(나) 1, 4, 5, 6, 9
(다) 6, 5, 8, 3, 9

〈보기〉
ㄱ. 홀수 다음에 홀수가 연이어 오지 않는다.
ㄴ. 짝수 다음에 짝수가 연이어 오지 않는다.
ㄷ. 동일한 숫자는 반복하여 사용되지 않는다.
ㄹ. 어떤 숫자 바로 다음에는 그 숫자의 배수가 오지 않는다.

① ㄱ, ㄴ　　　　　　　　　　② ㄴ, ㄷ

③ ㄴ, ㄹ　　　　　　　　　　④ ㄷ, ㄹ

⑤ ㄱ, ㄷ, ㄹ

18 K공사는 야유회 준비를 위해 500mL 물과 2L 음료수를 총 330개 구입하였다. 야유회에 참가한 직원을 대상으로 500mL 물은 1인당 1개, 2L 음료수는 5인당 1개씩 지급했더니 남거나 모자라지 않았다면, K공사 야유회에 참가한 직원은 모두 몇 명인가?

① 280명　　　　　　　　　　② 275명

③ 270명　　　　　　　　　　④ 265명

⑤ 260명

19 K씨는 생일을 맞아 주말에 가족과 외식을 하려고 한다. 레스토랑별 통신사 할인 혜택과 예상금액이 다음과 같을 때, K씨의 가족이 가장 저렴하게 식사할 수 있는 방법과 가격이 바르게 짝지어진 것은?(단, 십 원 단위 미만은 절사한다)

〈통신사별 멤버십 혜택〉			
구분	A통신사	B통신사	C통신사
A레스토랑	10만 원 이상 결제 시 5,000원 할인	15% 할인	1,000원당 100원 할인
B레스토랑	재방문 시 8,000원 상당의 음료쿠폰 제공 (당일 사용 불가)	20% 할인	10만 원 이상 결제 시 10만 원 초과금의 30% 할인
C레스토랑	1,000원당 150원 할인	5만 원 이상 결제 시 5만 원 초과금의 10% 할인	30% 할인

〈레스토랑별 예상금액〉			
구분	A레스토랑	B레스토랑	C레스토랑
예상금액(원)	143,300	165,000	174,500

	레스토랑	통신사	가격
①	A레스토랑	A통신사	120,380원
②	A레스토랑	B통신사	121,800원
③	B레스토랑	C통신사	132,000원
④	C레스토랑	C통신사	122,150원
⑤	C레스토랑	B통신사	135,270원

20 다음은 K국 국회의원의 SNS(소셜네트워크서비스) 이용자 수 현황에 대한 자료이다. 이를 나타낸 그래프로 옳지 않은 것은?(단, 소수점 둘째 자리에서 반올림한다)

⟨K국 국회의원의 SNS 이용자 수 현황⟩

(단위 : 명)

구분	정당	당선 횟수별				당선 유형별		성별	
		초선	2선	3선	4선 이상	지역구	비례대표	남자	여자
여당	A	82	29	22	12	126	19	123	22
야당	B	29	25	13	6	59	14	59	14
	C	7	3	1	1	7	5	10	2
합계		118	57	36	19	192	38	192	38

① 국회의원의 여야별 SNS 이용자 수

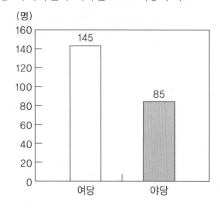

② 남녀 국회의원의 여야별 SNS 이용자 구성비

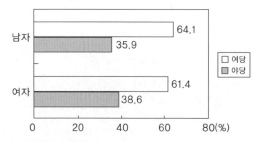

③ 야당 국회의원의 당선 횟수별 SNS 이용자 구성비

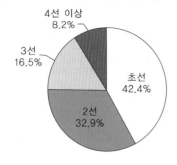

④ 2선 이상 국회의원의 정당별 SNS 이용자 수

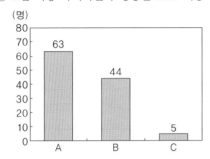

⑤ 여당 국회의원의 당선 유형별 SNS 이용자 구성비

21 A대리는 K도시의 해안지역에 설치할 발전기를 검토 중이다. 설치 환경 및 요건에 대한 정보가 다음과 같을 때, 후보 발전기 중 설치될 발전기로 옳은 것은?

〈발전기 설치 환경 및 요건〉

• 발전기는 동일한 종류를 2기 설치한다.
• 발전기를 설치할 대지는 1,500m²이다.
• 에너지 발전단가가 1,000kWh당 97,500원을 초과하지 않도록 한다.
• 후보 발전기 중 탄소배출량이 가장 많은 발전기는 제외한다.
• 운송수단 및 운송비를 고려하여, 개당 중량은 3톤을 초과하지 않도록 한다.

〈후보 발전기〉

발전기 종류	발전방식	발전단가	탄소배출량	필요면적	중량
A	수력	92원/kWh	45g/kWh	690m²	3,600kg
B	화력	75원/kWh	91g/kWh	580m²	1,250kg
C	화력	105원/kWh	88g/kWh	450m²	1,600kg
D	풍력	95원/kWh	14g/kWh	800m²	2,800kg
E	풍력	80원/kWh	22g/kWh	720m²	2,140kg

---

① A발전기 ② B발전기
③ C발전기 ④ D발전기
⑤ E발전기

22 K기업은 가전전시회에 자사의 제품을 출품하기로 하였다. 자사의 제품을 보다 효과적으로 홍보하기 위하여 다음과 같이 행사장의 A~G 중 세 곳에서 홍보판촉물을 배부하려고 한다. 가장 많은 사람들에게 홍보판촉물을 나눠줄 수 있는 위치는 어디인가?

- 전시관은 제1전시관 → 제2전시관 → 제3전시관 → 제4전시관 순서로 배정되어 있다.
- 행사장 출입구는 한 곳이며, 다른 곳으로는 출입이 불가능하다.
- 방문객은 행사장 출입구로 들어와서 시계 반대 방향으로 돌며, 4개의 전시관 중 2개의 전시관만을 골라 관람한다.
- 방문객은 자신이 원하는 2개의 전시관을 모두 관람하면 행사장 출입구를 통해 나가기 때문에 한 바퀴를 초과해서 도는 방문객은 없다.
- 방문객은 전시관 입구로 들어가면 출구로 나오기 때문에 전시관의 입구와 출구 사이에 있는 외부 통로를 동시에 지나치지 않는다.
- 행사장에는 시간당 평균 400명이 방문하며, 각 전시관의 시간당 평균 방문객 수는 다음과 같다.

제1전시관	제2전시관	제3전시관	제4전시관
100명	250명	150명	300명

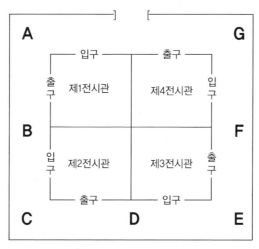

① A, B, C
② A, D, G
③ B, C, E
④ B, D, F
⑤ C, E, F

※ 다음은 K기업에 지원한 지원자들의 시험 결과 영역별 상위 5명에 대한 자료이다. 이어지는 질문에 답하시오 (단, 과목별로 동점자는 없었으며, 점수는 1점 단위이다). **[23~24]**

〈영역별 시험 점수〉

(단위 : 점)

순위	언어		수리		인성	
	이름	점수	이름	점수	이름	점수
1	하정은	94	신민경	91	양현아	97
2	성수민	93	하정은	90	박지호	95
3	김진원	90	성수민	88	황아영	90
4	양현아	88	황아영	82	신민경	88
5	황아영	85	양현아	76	하정은	84

23 성수민이 황아영보다 높은 총점을 기록하기 위해서는 인성 영역에서 몇 점 이상이어야 하는가?

① 75점
② 76점
③ 77점
④ 78점
⑤ 81점

24 다음 중 자료에 대한 설명으로 옳지 않은 것은?

① 언어와 수리 영역 점수의 합이 가장 높은 지원자는 하정은이다.
② 양현아는 하정은의 총점의 95% 이상을 획득했다.
③ 신민경이 획득할 수 있는 총점의 최댓값은 263점이다.
④ K기업 시험 합격 최저점이 총점 기준 251점이라면 김진원은 불합격이다.
⑤ 박지호보다 김진원의 총점이 더 높다.

25 K구청은 주민들의 정보화 교육을 위해 정보화 교실을 동별로 시행하고 있고, 주민들은 각자 일정에 맞춰 정보화 교육을 수강하려고 한다. 다음 중 개인 일정상 신청과목을 수강할 수 없는 사람은?(단, 하루라도 수강을 못한다면 수강이 불가능하다)

〈정보화 교육 일정표〉

교육날짜	교육시간	장소	과정명	장소	과정명
화요일 · 목요일	09:30 ~ 12:00	A동	인터넷 활용하기	C동	스마트한 클라우드 활용
	13:00 ~ 15:30		그래픽 초급 픽슬러 에디터		스마트폰 SNS 활용
	15:40 ~ 18:10		ITQ 한글 2020(실전반)		
수요일 · 금요일	09:30 ~ 12:00		한글 문서 활용하기		Windows 10 활용하기
	13:00 ~ 15:30		스마트폰 / 탭 / 패드(기본앱)		스마트한 클라우드 활용
	15:40 ~ 18:10		컴퓨터 기초(윈도우 및 인터넷)		
월요일	09:30 ~ 15:30		포토샵 기초		사진 편집하기
화~금요일	09:30 ~ 12:00	B동	그래픽 편집 달인되기	D동	한글 시작하기
	13:00 ~ 15:30		한글 활용 작품 만들기		사진 편집하기
	15:40 ~ 18:10		–		엑셀 시작하기
월요일	09:30 ~ 15:30		Windows 10 활용하기		스마트폰 사진 편집 & 앱 배우기

〈개인 일정 및 신청과목〉

구분	개인일정	신청과목
D동의 홍길동씨	• 매주 월 ~ 금요일 08:00 ~ 15:00 편의점 아르바이트 • 매주 월요일 16:00 ~ 18:00 음악학원 수강	엑셀 시작하기
A동의 이몽룡씨	• 매주 화요일 · 수요일 · 목요일 09:00 ~ 18:00 학원 강의 • 매주 월요일 16:00 ~ 20:00 배드민턴 동호회 활동	포토샵 기초
C동의 성춘향씨	• 매주 수요일 · 금요일 17:00 ~ 22:00 호프집 아르바이트 • 매주 월요일 10:00 ~ 12:00 과외	스마트한 클라우드 활용
B동의 변학도씨	• 매주 월요일 · 화요일 08:00 ~ 15:00 카페 아르바이트 • 매주 수요일 · 목요일 18:00 ~ 20:00 요리학원 수강	그래픽 편집 달인되기
A동의 김월매씨	• 매주 월요일 · 수요일 · 금요일 10:00 ~ 13:00 필라테스 수강 • 매주 화요일 14:00 ~ 17:00 제빵학원 수강	인터넷 활용하기

① 홍길동씨
② 이몽룡씨
③ 성춘향씨
④ 변학도씨
⑤ 김월매씨

26 녹색성장 추진의 일환으로 자전거 타기가 활성화되면서 자전거의 운동효과를 조사하였다. 다음 〈조건〉을 근거로 판단할 때, 〈보기〉에 제시된 5명의 운전자 중 운동량이 많은 순서대로 나열한 것은?

〈조건〉

자전거 종류	바퀴 수	보조바퀴 여부
일반 자전거	2개	없음
연습용 자전거	2개	있음
외발 자전거	1개	없음

- 운동량은 자전거 주행 거리에 비례한다.
- 같은 거리를 주행하여도 자전거에 운전자 외에 한 명이 더 타면 운전자의 운동량은 두 배가 된다.
- 보조바퀴가 달린 자전거를 타면 같은 거리를 주행하여도 운동량이 일반 자전거의 80%밖에 되지 않는다.
- 바퀴가 1개인 자전거를 타면 같은 거리를 주행하여도 운동량이 일반 자전거보다 50% 더 많다.
- 이외의 다른 조건은 모두 같다고 본다.

〈보기〉

갑 : 1.4km의 거리를 뒷자리에 한 명을 태우고 일반 자전거로 주행하였다.
을 : 1.2km의 거리를 뒷자리에 한 명을 태우고 연습용 자전거로 주행하였다.
병 : 2km의 거리를 혼자 외발 자전거로 주행하였다.
정 : 2km의 거리를 혼자 연습용 자전거로 주행한 후에 이어서 1km의 거리를 혼자 외발 자전거로 주행하였다.
무 : 0.8km의 거리를 뒷자리에 한 명을 태우고 연습용 자전거로 주행한 후에 이어서 1.2km의 거리를 혼자 일반 자전거로 주행하였다.

① 병> 정> 갑> 을> 무   ② 병> 정> 갑> 무> 을
③ 정> 갑> 무> 병> 을   ④ 정> 병> 갑> 을> 무
⑤ 정> 병> 갑> 무> 을

27 K기업의 본사는 대전에 있다. C부장은 목포에 있는 물류창고 정기점검을 위하여 내일 오전 10시에 출장을 갈 예정이다. 출장 당일 오후 1시에 물류창고 관리담당자와 미팅이 예정되어 있어 늦지 않게 도착하고자 한다. 주어진 교통편을 고려하였을 때, 다음 중 C부장이 선택할 가장 적절한 경로는?(단, 1인당 출장지원 교통비 한도는 5만 원이며, 도보이동에 따른 소요시간은 고려하지 않는다)

- 본사에서 대전역까지 비용

구분	소요시간	비용	비고
버스	30분	2,000원	–
택시	15분	6,000원	–

- 대전역 교통수단별 이용정보

구분	열차	출발시각	소요시간	비용	비고
직통	새마을호	10:00 / 10:50	2시간 10분	28,000원	–
직통	무궁화	10:20 / 10:40 10:50 / 11:00	2시간 40분	16,000원	–
환승	KTX	10:10 / 10:50	20분	6,000원	환승 10분 소요
	KTX	–	1시간 20분	34,000원	
환승	KTX	10:00 / 10:30	1시간	20,000원	환승 10분 소요
	새마을호	–	1시간	14,000원	

- 목포역에서 물류창고까지 비용

구분	소요시간	비용	비고
버스	40분	2,000원	–
택시	20분	9,000원	–

① 버스 – 새마을호(직통) – 버스
② 택시 – 무궁화(직통) – 택시
③ 버스 – KTX / KTX(환승) – 택시
④ 택시 – KTX / 새마을호(환승) – 택시
⑤ 택시 – 새마을호(직통) – 택시

28 다음 TRIZ에 대한 글을 바탕으로 추론할 때, TRIZ에 대한 사례로 옳지 않은 것은?

TRIZ는 주어진 문제에 대하여 가장 이상적인 결과를 정의하고, 그 결과를 얻는 데 관건이 되는 모순을 찾아내어 그 모순을 극복할 수 있는 해결안을 얻을 수 있도록 생각하는 방법에 대한 40가지 이론이다. 예를 들어 '차 무게가 줄면 연비는 좋아지지만 안정성은 나빠진다.'를 모순으로 정하고 '어떻게 하면 차가 가벼우면서 안정성이 좋을 수 있을까?'라는 해결책을 찾아 모순을 극복하는 것이다. 이어폰이 무선 이어폰이 되는 것 등도 이에 해당된다.

〈TRIZ 40가지 이론〉

분할	추출	국부적 품질	비대칭	통합	다용도	포개기	공중부양
사전 반대 조치	사전 조치	사전 예방 조치	동일한 높이	역방향	곡선화	역동성 증가	초과나 부족
차원변화	진동	주기적 작용	유용한 작용의 지속	급히 통과	전화위복	피드백	중간 매개물
셀프서비스	복사	값싸고 짧은 수명	기계시스템의 대체	공기 및 유압 사용	얇은 막	다공성 물질	색깔 변화
동질성	폐기 및 재생	속성변화	상전이	열팽창	산화제	불활성 환경	복합재료

① 여러 구간으로 납작하게 접을 수 있는 접이식 자전거 헬멧
② 자동으로 신발 끈이 조여지는 운동화
③ 최초로 발견된 죽지 않는 식물
④ 회전에 제약이 없는 구형 타이어
⑤ 줄 없이 운동할 수 있는 줄 없는 줄넘기

※ 다음 사례를 읽고 이어지는 질문에 답하시오. [29~30]

〈상황〉

기획팀에서 설탕과 프림을 넣지 않은 고급 인스턴트 블랙커피를 커피믹스와 같은 스틱 형태로 선보이겠다는 아이디어를 제시하였지만, 인스턴트 커피를 제조하고 판매하는 K회사 경영진의 반응은 차가웠다. K회사의 커피믹스가 성황리에 판매되고 있었기 때문이었다.

〈회의 내용〉

기획팀 부장 : 신제품 개발과 관련된 회의를 진행하도록 하겠습니다. 이 자리는 누구에게 책임이 있는지를 묻는 회의가 아닙니다. 신제품 개발에 대한 서로의 상황을 인지하고 문제 상황을 해결하자는 데 그 의미가 있습니다. 먼저 신제품 개발과 관련하여 마케팅팀 의견을 제시해 주십시오.

마케팅 부장 : A제품이 생산될 수 있도록 연구소 자체 공장에 파일럿 라인을 만들어 샘플을 생산하였으면 합니다.

연구소 소장 : 성공 여부가 불투명한 신제품을 위한 파일럿 라인을 만들기는 어렵습니다.

기획팀 부장 : 조금이라도 신제품 개발을 위해 생산현장에서 무언가 협력할 방안은 없을까요?

마케팅 부장 : 고급 인스턴트 커피의 생산이 가능한지를 먼저 알아본 후 한 단계씩 전진하면 어떨까요?

기획팀 부장 : 좋은 의견인 것 같습니다. 소장님은 어떻게 생각하십니까?

연구소 소장 : 커피 전문점 수준의 고급 인스턴트 커피를 만들기 위해서는 최대한 커피 전문점이 만드는 커피와 비슷한 과정을 거쳐야 할 것 같습니다.

마케팅 부장 : 그렇습니다. 하지만 100% 커피전문점 원두커피를 만드는 것이 아닙니다. 전문점 커피를 100으로 봤을 때, 80 ~ 90% 정도 수준이면 됩니다.

연구소 소장 : 퀄리티는 높이고 일회용 스틱 형태의 제품인 믹스의 사용 편리성은 그대로 두자는 이야기죠?

마케팅 부장 : 그렇습니다. 우선 커피를 추출하는 장비가 필요합니다. 또한, 액체인 커피를 봉지에 담지 못하니 동결건조방식을 활용해야 할 것 같습니다.

연구소 소장 : 보통 믹스커피는 하루 1t 분량의 커피를 만들 수 있는데, 이야기한 방법으로는 하루에 100kg도 못 만듭니다.

마케팅 부장 : 예, 잘 알겠습니다. 그 부분에 대해서는 조금 더 논의가 필요할 것 같습니다. 검토를 해보겠습니다.

29 다음 중 마케팅 부장이 취하고 있는 문제해결 방법은 무엇인가?

① 소프트 어프로치
② 하드 어프로치
③ 퍼실리테이션
④ 비판적 사고
⑤ 창의적 사고

30 다음 중 K회사의 신제품 개발과 관련하여 가장 필요한 것은 무엇인가?

① 전략적 사고
② 분석적 사고
③ 발상의 전환
④ 내·외부자원의 효과적 활용
⑤ 성과지향 사고

〈1월 일정표〉

월요일	화요일	수요일	목요일	금요일	토요일	일요일
		1 신정	2	3	4	5 공사 단합대회
6	7	8	9	10 수소에너지 홍보행사 (~1/12)	11 수소에너지 홍보행사	12 수소에너지 홍보행사
13	14	15	16 CEO 천연가스 기지 방문	17	18	19
20	21 에너지 안전 홍보행사	22	23	24 설 연휴	25 설 연휴	26 설 연휴
27 대체공휴일	28	29	30	31		

31 다음 〈조건〉을 고려할 때, 명절선물세트 홍보일로 가능한 날짜는?

〈조건〉
- 명절선물세트 홍보행사는 요일에 상관없이 진행할 수 있다.
- K공사에서는 명절선물세트를 3일간 홍보한다.
- 명절선물세트 홍보행사는 설 연휴 전에 마친다.
- 명절선물세트 홍보행사는 다른 홍보행사와 겹치지 않게 진행한다.
- 사내행사가 있는 날짜를 피해서 행사를 진행한다.

① 3 ~ 5일   ② 8 ~ 10일
③ 13 ~ 15일   ④ 19 ~ 21일
⑤ 28 ~ 31일

32 K공사는 1월 중에 직원 진급공고를 게시하려고 한다. 다음 〈조건〉을 참고할 때, 공고 게시가 가능한 날짜는 언제인가?

─〈조건〉─
- 사내행사와 홍보행사 당일 및 전날, 다음날을 제외하고 진급공고를 게시한다.
- 공휴일 및 공휴일 전날이나 다음날을 제외하고 진급공고를 게시한다.
- 명절선물세트 홍보일은 **31**번 문제에서 정한 날짜로 한다.

① 6일   ② 8일
③ 15일   ④ 23일
⑤ 28일

33 K공사 직원들은 1월에 연차 휴가를 하루씩 사용하려고 한다. 연차 사용 및 다른 직원들의 연차일이 다음 〈조건〉과 같을 때, 한대리가 연차를 쓸 수 있는 날은 언제인가?

─〈조건〉─
- 모든 직원들은 명절을 포함하는 주 이전에 연차 휴가를 사용한다.
- 공휴일은 연차에 포함되지 않는다.
- 연차일은 사내행사나 홍보행사가 없는 날짜로 한다.
- 명절선물세트 홍보일은 **31**번 문제에서 정한 날짜로 한다.
- 연차는 다른 직원과 겹칠 수 없다.
- 김부장은 1월 3일, 박차장은 1월 8일, 유과장은 1월 17일, 정과장은 1월 2일, 하사원은 1월 6일에 연차를 쓴다.

① 7일   ② 10일
③ 14일   ④ 20일
⑤ 31일

※ K공사는 별관 신축을 위한 건설업체를 선정하고자 한다. 입찰에는 A ~ F업체가 참여하였다. 다음은 입찰기준에 따라 업체별로 20점 척도로 점수화한 자료와 업체별 비용을 나타낸 자료이다. 이어지는 질문에 답하시오. [34~35]

〈업체별 입찰기준 점수〉

입찰업체	경영평가점수	시공실적점수	친환경소재점수
A	18점	11점	15점
B	14점	15점	17점
C	17점	13점	13점
D	16점	12점	14점
E	13점	10점	17점
F	16점	14점	16점

〈업체별 비용〉

(단위 : 억 원)

A	B	C	D	E	F
16.9	17.4	17.1	12.9	14.5	15.2

34 K공사는 비용이 17억 원 이하인 업체 중 경영평가점수와 시공실적점수의 반영비율을 1 : 2의 가중치로 합산한 값이 가장 높은 3개 업체를 1차로 선정한다. 1차 선정업체 중 친환경소재점수가 가장 높은 곳을 최종 선정한다고 할 때, 최종 선정될 업체는?

① A
② B
③ D
④ E
⑤ F

35 K공사가 외부 권고로 인해 선정방식을 변경하였다. 새로운 방식에 따르면, 비용이 17억 2천만 원 이하인 업체 중 시공실적점수와 친환경소재점수의 반영비율을 3 : 2의 가중치로 합산한 값이 가장 높은 2개 업체를 1차로 선정한다. 1차 선정업체 중 입찰 비용이 가장 낮은 곳을 최종 선정한다고 할 때, 최종 선정될 업체는?

① A
② C
③ D
④ E
⑤ F

36 K회사에서는 비품을 구매할 때 다음 비품구매 매뉴얼에 따른다. K회사의 부서별 요청 비품과 부서별 비품 현황을 고려하였을 때 구매할 비품으로 가장 적절한 것은?

〈비품구매 매뉴얼〉

• 사용 부서의 수가 많은 비품부터 먼저 구매한다.
• 현재 부서별 재고가 없는 비품은 사용 부서 수가 많은 비품 다음으로 구매한다.
• 1회당 100,000원의 한도 내에서 최대한 구매한다.
• 비품의 가격이 다를 경우 가격이 저렴한 것으로 주문한다.
• 동일 비품 중 일부만 먼저 구매할 수 없다.

〈부서별 요청 비품〉

• 총무부 : 연필(400원/개) 5개, 수정테이프(2,000원/개) 6개, 지우개(500원/개) 3개
• 인사부 : 연필(400원/개) 10개, 수정테이프(1,500원/개) 1개
• 생산부 : 종이컵(10,000원/박스) 3박스
• 영업부 : 볼펜(2,000원/개) 1개, 메모지(800원/개) 5개, 종이컵(10,000원/박스) 5박스
• 기획부 : 볼펜(1,000원/개) 3개

〈부서별 비품 현황〉

(단위 : 개, 박스)

구분	연필	볼펜	지우개	수정테이프	메모지	종이컵
총무부	6	10	0	1	3	10
인사부	0	5	5	1	2	4
생산부	3	×	3	×	2	0
영업부	×	2	×	4	1	0
기획부	4	2	5	3	2	3

※ ×는 해당 비품을 사용하지 않음을 의미함

---

① 지우개, 연필, 수정테이프, 종이컵
② 종이컵, 지우개, 연필, 볼펜
③ 메모지, 볼펜, 종이컵, 지우개, 연필
④ 종이컵, 볼펜, 수정테이프, 메모지
⑤ 지우개, 연필, 종이컵, 메모지

37 모스크바 지사에서 일하고 있는 A대리는 밴쿠버 지사와의 업무협조를 위해 모스크바 시각으로 4월 22일 오전 10시 15분에 밴쿠버 지사로 업무협조 메일을 보냈다. 다음 〈조건〉에 따라 밴쿠버 지사에서 가장 빨리 메일을 읽었을 때, 모스크바의 시각은?

〈조건〉

- 밴쿠버는 모스크바보다 10시간이 늦다.
- 밴쿠버 지사의 업무시간은 오전 10시부터 오후 6시까지이다.
- 밴쿠버 지사에서는 4월 22일 오전 10시부터 15분간 전력 점검이 있었다.
---

① 4월 22일 오전 10시 15분 ② 4월 23일 오전 10시 15분
③ 4월 22일 오후 8시 15분 ④ 4월 23일 오후 8시 15분
⑤ 4월 23일 오후 10시 15분

38 다음 대화 내용을 참고할 때, A팀장과 B사원이 함께 시장조사를 하러 갈 수 있는 시간대로 가장 적절한 것은?(단, 근무시간은 09:00 ~ 18:00, 점심시간은 12:00 ~ 13:00이다)

A팀장 : B씨, 저번에 우리가 함께 진행했던 제품이 오늘 출시된다고 하네요. 시장에서 어떤 반응이 있는지 조사하러 가야 할 것 같아요.
B사원 : 네, 팀장님. 그런데 오늘 갈 수 있을지 의문입니다. 우선 오후 4시에 사내 정기강연이 예정되어 있고 초청강사가 와서 시간관리 강의를 한다고 합니다. 아마 두 시간 정도 걸릴 것 같은데, 저는 강연준비로 30분 정도 일찍 가야 할 것 같습니다. 그리고 부서장님께서 요청하셨던 기획안도 오늘 퇴근 전까지 제출해야 하는데, 팀장님 검토시간까지 고려하면 두 시간 정도 소요될 것 같습니다.
A팀장 : 오늘도 역시 할 일이 참 많네요. 지금이 오전 11시니까 열심히 업무를 하면 한 시간 정도는 시장에 다녀올 수 있겠네요. 먼저 기획안부터 마무리 짓도록 합시다.
B사원 : 네, 알겠습니다. 팀장님, 오늘 점심은 된장찌개 괜찮으시죠? 바쁘니까 예약해 두겠습니다.

① 11:00 ~ 12:00 ② 13:00 ~ 14:00
③ 14:00 ~ 15:00 ④ 15:00 ~ 16:00
⑤ 17:00 ~ 18:00

39 다음은 K기업의 재고 관리에 대한 자료이다. 금요일까지 부품 재고 수량이 남지 않게 완성품을 만들 수 있도록 월요일에 주문해야 할 A ~ C부품 개수로 옳은 것은?(단, 주어진 조건 이외에는 고려하지 않는다)

〈부품 재고 수량과 완성품 1개당 소요량〉

부품명	부품 재고 수량(개)	완성품 1개당 소요량(개)
A	500	10
B	120	3
C	250	5

〈완성품 납품 수량〉

항목　　　요일	월	화	수	목	금
완성품 납품 개수(개)	없음	30	20	30	20

※ 부품 주문은 월요일에 한 번 신청하며, 화요일 작업 시작 전에 입고됨
※ 완성품은 부품 A, B, C를 모두 조립해야 함

	A	B	C			A	B	C
①	100	100	100		②	100	180	200
③	500	100	100		④	500	150	200
⑤	500	180	250					

다음은 K국의 치과의원 노인외래진료비 본인부담제도의 안내문이다. 자료를 참고하여 〈보기〉에서 A ~ E씨의 본인부담금의 합을 바르게 구한 것은?

〈K국 치과의원 노인외래진료비 본인부담제도 안내〉

2025년 1월부터 만 65세 이상 치과의원 노인외래진료비 본인부담제도가 개선됩니다.

■ 대상 : 만 65세 이상 치과의원 외래진료 시
■ 본인부담금 안내 : 총진료비가 1만 5천 원 이하인 경우는 1,500원
　일정금액 초과 시 총진료비의 10 ~ 30% 부담

구분	진료비 구간	본인부담금 현행	본인부담금 개선
치과의원	1만 5천 원 이하	1,500원	1,500원
	1만 5천 원 초과 2만 원 이하	30%	10%
	2만 원 초과 2만 5천 원 이하		20%
	2만 5천 원 초과		30%

〈보기〉

구분	진료비	진료 날짜
A씨	17,000원	2023년 6월
B씨	13,500원	2024년 3월
C씨	23,000원	2025년 2월
D씨	24,000원	2023년 10월
E씨	27,000원	2025년 5월

※ A ~ E씨는 모두 만 65세 이상임

① 18,800원
② 21,300원
③ 23,600원
④ 26,500원
⑤ 27,400원

41 다음은 K사의 일일판매내역이다. (가) 셀에 〈보기〉와 같은 함수를 입력했을 때 나타나는 값으로 옳은 것은?

	A	B	C	D
1				(가)
2				
3	제품이름	단가	수량	할인적용
4	K소스	200	5	90%
5	K아이스크림	100	3	90%
6	K맥주	150	2	90%
7	K커피	300	1	90%
8	K캔디	200	2	90%
9	K조림	100	3	90%
10	K과자	50	6	90%

〈보기〉
=SUMPRODUCT(B4:B10,C4:C10,D4:D10)

① 2,610

② 2,700

③ 2,710

④ 2,900

⑤ 2,910

42 다음 중 워크시트의 인쇄에 대한 설명으로 옳지 않은 것은?

① 인쇄 영역에 포함된 도형은 기본적으로 인쇄가 되지 않으므로 인쇄를 하려면 도형의 [크기 및 속성] 대화 상자에서 '개체 인쇄' 옵션을 선택해야 한다.

② 인쇄하기 전에 워크시트를 미리 보려면 〈Ctrl〉+〈F2〉 키를 누른다.

③ 기본적으로 화면에 표시되는 열 머리글(A, B, C 등)이나 행 머리글(1, 2, 3 등)은 인쇄되지 않는다.

④ 워크시트의 내용 중 특정 부분만을 인쇄 영역으로 설정하여 인쇄할 수 있다.

⑤ 워크시트의 셀 구분선을 그대로 인쇄하려면 페이지 설정 대화상자의 [시트] 탭에서 '눈금선'을 선택하면 된다.

※ 다음 중 함수식에 대한 결괏값으로 옳지 않은 것을 고르시오. [43~44]

43

	함수식	결괏값
①	=TRIM("1/4분기 수익")	1/4분기 수익
②	=SEARCH("세","세금 명세서",3)	5
③	=PROPER("republic of korea")	REPUBLIC OF KOREA
④	=LOWER("Republic of Korea")	republic of korea
⑤	=MOD(18,−4)	−2

44

	함수식	결괏값
①	=ODD(12)	13
②	=EVEN(17)	18
③	=MOD(40,−6)	−2
④	=POWER(6,3)	18
⑤	=QUOTIENT(19,6)	3

45 다음 워크시트의 [A1:E9] 영역에서 고급 필터를 실행하여 영어점수가 평균을 초과하거나 성명의 두 번째 문자가 '영'인 데이터를 추출하고자 한다. (가), (나)에 입력할 내용으로 옳은 것은?

▲	A	B	C	D	E	F	G	H
1	성명	반	국어	영어	수학		영어	성명
2	강동식	1	81	89	99		(가)	
3	남궁영	2	88	75	85			(나)
4	강영주	2	90	88	92			
5	이동수	1	86	93	90			
6	박영민	2	75	91	84			
7	윤영미래	1	88	80	73			
8	이순영	1	100	84	96			
9	명지오	2	95	75	88			

	(가)	(나)
①	=D2>AVERAGE(D2:D9)	="=?영*"
②	=D2>AVERAGE(D2:D9)	="=*영?"
③	=D2>AVERAGE($D$2:$D$9)	="=?영*"
④	=D2>AVERAGE($D$2:$D$9)	="=*영?"
⑤	=D2>AVERAGE($A$2:$E$9)	="=*영*"

46 다음 중 취약한 보안 기능 및 IP주소 부족에도 불구하고 가장 널리 사용되는 인터넷 표준 프로토콜은?

① PPP
② TCP / IP
③ NetBEUI
④ IPX / SPX
⑤ ICMP

47 다음은 컴퓨터 범죄 유형 중 하나에 대한 설명이다. 이 컴퓨터 범죄는 무엇인가?

악성코드에 감염된 사용자 PC를 조작하여 금융정보 등을 빼내는 범죄 유형으로, 정상 홈페이지로 가장하여
금융정보(보안카드번호 전부) 입력을 요구하는 신종 금융사기의 주요 범행수단이다.
① 사용자 PC가 악성코드에 감염 → ② 정상 홈페이지에 접속하여도 가짜 사이트로 유도 → ③ 금융정보
등 탈취 → ④ 범행계좌로 이체 등

① 피싱
② 파밍
③ 스미싱
④ 스누핑
⑤ 스푸핑

48 다음 중 워크시트에 외부 데이터를 가져오는 방법이 아닌 것은?

① 데이터 연결 마법사
② Microsoft Query
③ 하이퍼링크
④ 웹
⑤ 텍스트

49 다음 시트에서 [D2:D7]과 같이 생년월일만 따로 구하려고 할 때 [D2] 셀에 들어갈 수식으로 옳은 것은?

	A	B	C	D
1	순번	이름	주민등록번호	생년월일
2	1	김현진	880821-2949324	880821
3	2	이혜지	900214-2928342	900214
4	3	김지언	880104-2124321	880104
5	4	이유미	921011-2152345	921011
6	5	박슬기	911218-2123423	911218
7	6	김혜원	920324-2143426	920324

① =RIGHT(A2,6)   ② =RIGHT(A2,C2)

③ =LEFT(C2,6)   ④ =LEFT(C2,2)

⑤ =MID(C2,5,2)

50 다음은 K오디션의 1, 2차 결과를 나타낸 표이다. [E2:E7]에 최종점수를 구하고자 할 때, 필요한 함수로 옳은 것은?

	A	B	C	D	E
1	이름	1차	2차	평균	최종점수
2	김민주	96.45	45.67	71.16	71.1
3	전지호	89.67	34.77	62.22	62.2
4	윤수정	88.76	45.63	67.195	67.2
5	신이지	93.67	43.56	68.615	68.6
6	최수민	92.56	38.45	65.505	65.5
7	지장우	95.78	43.65	69.715	69.7

① ROUND   ② INT

③ TRUNC   ④ COUNTIF

⑤ ABS

2일 차
기출응용 모의고사

〈문항 및 시험시간〉

영역	문항 수	시험시간	모바일 OMR 답안채점 / 성적분석 서비스
의사소통능력＋수리능력＋문제해결능력 ＋자원관리능력＋정보능력	50문항	60분	

2일 차 기출응용 모의고사

문항 수 : 50문항
시험시간 : 60분

01 다음 글을 읽고 알 수 있는 내용으로 적절하지 않은 것은?

> 인류의 역사를 석기시대, 청동기시대 그리고 철기시대로 구분한다면 현대는 '플라스틱시대'라고 할 수 있을 만큼 플라스틱은 현대사회에서 가장 혁명적인 물질 중 하나이다. "플라스틱은 현대 생활의 뼈, 조직, 피부가 되었다."는 미국의 과학 저널리스트 수전 프라인켈(Susan Freinkel)의 말처럼 플라스틱은 인간 생활에 많은 부분을 차지하고 있다. 저렴한 가격과 필요에 따라 내구성, 강도, 유연성 등을 조절할 수 있는 장점 덕분에 일회용 컵부터 옷, 신발, 가구 등 플라스틱이 아닌 것이 거의 없을 정도이다. 그러나 플라스틱에는 치명적인 단점이 있다. 플라스틱이 지닌 특성 중 하나인 영속성(永續性)이다. 인간이 그동안 생산한 플라스틱은 바로 분해되지 않고 어딘가에 계속 존재하고 있어 환경오염의 원인이 된 지 오래이다.
>
> 치약, 화장품, 피부 각질제거제 등 생활용품에 들어 있는 작은 알갱이의 성분은 '마이크로비드(Microbead)'라는 플라스틱이다. 크기가 1mm보다 작은 플라스틱을 '마이크로비드'라고 하는데, 이 알갱이는 정수처리과정에서 걸러지지 않고 생활 하수구에서 강으로, 바다로 흘러간다. 이 조그만 알갱이들은 바다를 떠돌면서 생태계의 먹이사슬을 통해 동식물 체내에 축적되어 면역체계 교란, 중추신경계 손상 등의 원인이 되는 잔류성유기오염물질(Persistent Organic Pollutants)을 흡착한다. 그리고 물고기, 새 등 여러 생물은 마이크로비드를 먹이로 착각해 섭취한다. 마이크로비드를 섭취한 해양생물은 다시 인간의 식탁에 올라온다. 즉, 우리가 버린 플라스틱을 우리가 다시 먹게 되는 셈이다.
>
> 플라스틱 포크로 음식을 먹고, 플라스틱 컵으로 물을 마시는 등 음식을 먹기 위한 수단으로만 플라스틱을 생각했지 직접 먹게 되리라고는 상상도 못했을 것이다. 우리가 먹은 플라스틱이 우리 몸에 남아 분해되지 않고 큰 질병을 키우게 될 것을 말이다.

① 플라스틱은 필요에 따라 유연성, 강도 등을 조절할 수 있고, 값이 싼 장점이 있다.

② 플라스틱은 바로 분해되지 않고 어딘가에 존재한다.

③ 마이크로비드는 크기가 작기 때문에 정수처리과정에서 걸러지지 않고 바다로 유입된다.

④ 마이크로비드는 잔류성유기오염물질을 분해하는 역할을 한다.

⑤ 물고기 등 해양생물들은 마이크로비드를 먹이로 착각해 먹는다.

02 다음 글의 주장에 대한 반박으로 가장 적절한 것은?

현재 우리나라는 드론의 개인 정보 수집과 활용에 대해 '사전 규제' 방식을 적용하고 있다. 이는 개인 정보 수집과 활용을 원칙적으로 금지하면서 예외적인 경우에만 허용하는 방식으로, 정보 주체의 동의 없이 개인 정보를 수집·활용하기 어려운 것이다. 이와 관련하여 개인 정보를 대부분의 경우 동의 없이 활용하는 것을 허용하고, 예외적인 경우에 제한적으로 금지하는 '사후 규제' 방식을 도입해야 한다는 의견이 대두되고 있다. 그러나 나는 사전 규제 방식의 유지에 찬성한다.

드론은 고성능 카메라나 통신 장비 등이 장착되어 있는 경우가 많아 사전 동의 없이 개인의 초상, 성명, 주민 등록번호 등의 정보뿐만 아니라 개인의 위치 정보까지 저장할 수 있다. 또한, 드론에서 수집한 정보를 검색하거나 전송하는 중에 사생활이 노출될 가능성이 높다. 더욱이 드론의 소형화, 경량화 기술이 발달하고 있어 사생활 침해의 우려가 커지고 있다. 드론은 인명 구조, 시설물 점검 등의 공공 분야뿐만 아니라 제조업, 물류 서비스 등의 민간 분야까지 활용 범위가 확대되고 있기 때문에 개인 정보를 수집하는 일이 많아지면서 사생활 침해 사례도 증가하고 있다.

헌법에서는 주거의 자유, 사생활의 비밀과 자유 등을 명시하여 개인의 사생활이 보호받도록 하고 있고, 개인 정보를 자신이 통제할 수 있는 '정보의 자기 결정권'을 부여하고 있다. 이와 같은 기본권이 안정적으로 보호될 때 드론 기술과 산업의 발전으로 얻게 되는 사회적 이익은 더욱 커질 것이다.

① 드론을 이용하여 개인 정보를 자유롭게 수집하게 되면 사생활 침해는 더욱 심해지고, 개인 정보의 복제, 유포, 훼손, 가공 등 의도적으로 악용하는 사례까지 증가할 것이다.

② 사전 규제를 통해 개인 정보의 수집과 활용에 제약이 생기면 개인의 기본권이 보장되어 오히려 드론을 다양한 분야에 활용할 수 있고, 드론 기술과 산업은 더욱더 빠르게 발전할 수 있다.

③ 산업적 이익을 우선시하면 개인 정보 보호에 관한 개인의 기본권을 등한시하는 결과를 초래할 수 있다.

④ 개인 정보의 복제, 유포, 위조 등으로 정보 주체에게 중대한 손실을 입힐 경우 손해액을 배상하도록 하여 엄격하게 책임을 묻는다면 사전 규제 없이도 개인 정보를 효과적으로 보호할 수 있다.

⑤ 사전 규제 방식을 유지하면서도 개인 정보 수집과 활용에 동의를 얻는 절차를 간소화하고 편의성을 높이면 정보의 활용이 용이해져 드론 기술과 산업의 발전을 도모할 수 있다.

03 다음 중 밑줄 친 부분과 같은 의미로 사용된 것은?

나는 이번 프로젝트에 사활을 <u>걸었다</u>.

① 나는 너와 그 길을 함께 <u>걸었다</u>.
② 계속된 실점으로 감독이 작전 타임을 <u>걸었다</u>.
③ 마침내 올림픽 금메달을 목에 <u>걸었다</u>.
④ 양만춘은 안시성 전투에서 목숨을 <u>걸었다</u>.
⑤ 그는 술만 마시면 사소한 일에도 시비를 <u>걸었다</u>.

04 다음 중 밑줄 친 단어와 반의 관계를 가진 단어는?

> 세계는 사물의 **총체**가 아니라 사건의 총체이다.

① 전체(全體)　　　　　　　　　　② 개체(個體)
③ 별개(別個)　　　　　　　　　　④ 유별(有別)
⑤ 일반(一般)

05 다음 글의 내용으로 적절하지 않은 것은?

> 1895년 파리의 예술상 사무엘 빙(Samuel Bing)은 '아르 누보의 집(La Maison de L'Art Nouveau)'이라는 이름의 예술 갤러리를 개장했다. 이 갤러리에서 열린, 그가 기획한 '아르 누보(L'Art Mouveau)'라는 제목의 전시는 많은 파장을 불러일으켰는데, 해당 전시회의 포스터에는 다음과 같은 내용이 쓰여 있다.
> "예술가와 장인들에게 알림 : 1895년 10월 1일, 파리 프로방스 거리 22번지 사무엘 빙 소유의 갤러리에서 '아르 누보'라는 전시회가 열림. 카테고리 구분 없이 모든 종류의 예술적 생산물을 전시하는 전시회로서 기존의 예술 전시품 및 장식, 가구, 실용품과 같은 응용 예술 작품들을 포함함. 근대적 정신과 조화되는 개인적 개념을 선언하는, 모든 예술 작품들의 전시가 허용됨."
> 이 전시는 기존의 순수 예술 전시와 비교했을 때 여러 가지의 차이점이 있다. 첫째, 일상용품을 제작하는 장인들도 대상으로 삼고 있으며 둘째, 전시 대상은 '장식, 가구, 실용품'과 같은 일상용품을 포함시켰다. 셋째, 개인적 창작을 장려하였으며 넷째, 이 전시회로 인하여 개별 작품들은 근대정신이라는 기치 아래 국제적으로 모일 수 있었다. 마지막으로 이 전시가 열리는 갤러리는 '메종(Maison)', 즉 집으로 불렸다.
> 그러나 사무엘 빙이 아르 누보를 창안한 것은 아니었다. 그의 역할은 새로운 예술을 발견하고 자신의 갤러리를 통해 전시해 알린 것이었다. 아르 누보라는 명칭 또한 앙리 반 드 벨데(Henry Van de Velde)나 빅토르 오르타(Victor Horta)와 같은 벨기에 건축가들의 동향을 소개할 때 현지에서 이미 사용되던 표현이었다. 특히, 벨기에 아르 누보의 시발점이자 중요한 상징이었던 반 드 벨데의 자택을 방문한 것은 사무엘 빙에게 있어 결정적인 계기가 되었다.

① 사무엘 빙은 '아르 누보'가 열리기 전 벨기에를 방문하였다.
② '아르 누보'에는 기존 전시회에 전시될 수 없었던 작품들도 전시가 가능했다.
③ 사무엘 빙이 '아르 누보'를 창안한 것은 1895년이다.
④ '아르 누보'가 열린 갤러리는 집(Maison)으로 불렸다.
⑤ '아르 누보'는 예술 작가가 아니라도 작품을 전시할 수 있었다.

06 다음 글을 바탕으로 세미나를 개최하고자 한다. 세미나의 안내장에 들어갈 표제와 부제로 적절하지 않은 것은?

인간은 자연 속에서 태어나 살다가 자연으로 돌아간다. 이처럼 자연은 인간 삶의 무대요 안식처이다. 그러므로 자연과 인간의 관계는 불가분의 관계라고 할 수 있다. 유교는 바로 이 점에 주목하여 인간과 자연의 원만한 관계를 추구하였다. 이는 자연이 인간을 위한 수단이 아니라 인간과 공존해야 할 대상이라는 것을 뜻한다. 유교는 자연을 인간의 부모로 생각하고 인간은 자연의 자식이라고 여겨왔다. 그러므로 유교에서는 인간의 본질적 근원을 천(天)에 두었다. 하늘이 명한 것을 성(性)이라 하고, 하늘이 인간에게 덕(德)을 낳아 주었다고 하였다. 이는 인간에게 주어진 본성과 인간에 내재한 덕이 하늘에서 비롯한 것임을 밝힌 것이다. 이와 관련하여 이이는 "사람이란 천지의 이(理)를 부여받아 성(性)을 삼고, 천지의 기(氣)를 나누어 형(形)을 삼았다."라고 하였다. 이는 인간 존재를 이기론(理氣論)으로 설명한 것이다. 인간은 천지의 소산자(所産者)이며 이 인간 생성의 모태는 자연이다. 그러므로 천지 만물이 본래 나와 한몸이라고 할 수 있는 것이다.

유교에서는 천지를 인간의 모범 혹은 완전자(完全者)로 이해하였다. 유교 사상에 많은 영향을 미친 『주역』에 의하면 성인(聖人)은 천지와 더불어 그 덕을 합한 자이며, 해와 달과 함께 그 밝음을 합한 자이며, 사시(四時)와 더불어 그 질서를 합한 자이다. 이에 대하여 이이는 '천지란 성인의 준칙이요 성인이란 중인의 준칙'이라 하여 천지를 성인의 표준으로 이해하였다. 따라서 성인의 덕은 하늘과 더불어 하나가 되므로 신묘하여 헤아릴 수 없다고 하였다. 이와 같이 천지는 인간의 모범으로 일컬어졌고, 인간은 그 천지의 본성을 부여받은 존재로 규정되었다. 그러므로 『중용』에서는 성(誠)은 하늘의 도(道)요, 성(誠)이 되고자 노력하는 것이 인간의 도리라고 하였다. 즉, 참된 것은 우주 자연의 법칙이며, 그 진실한 자연의 법칙을 좇아 살아가는 것은 인간의 도리라는 것이다. 이처럼 유교는 인간 삶의 도리를 자연의 법칙에서 찾았고, 자연의 질서에 맞는 인간의 도리를 이상으로 여겼다. 이렇게 볼 때, 유교에서는 인간과 자연을 하나로 알고 상호 의존하고 있는 유기적 존재로 인식함으로써 천인합일(天人合一)을 추구하였음을 알 수 있다. 이러한 바탕 위에서 유교는 자존과 공존의 자연관을 말하였다. 만물은 저마다 자기 생을 꾸려나간다. 즉, 인간은 인간대로, 동물은 동물대로, 식물은 식물대로 각기 자기 삶을 살아가지만 서로 해치지 않는다. 약육강식의 먹이 사슬로 보면 이러한 설명은 타당하지 않은 듯하다. 그러나 생태계의 질서를 살펴보면 먹고 먹히면서도 전체적으로는 평등하다는 것을 알 수 있다. 또한, 만물의 도는 함께 운행되고 있지만 전체적으로 보면 하나의 조화를 이루어 서로 어긋나지 않는다. 이것이야말로 자존과 공존의 질서가 서로 어긋나지 않으면서 하나의 위대한 조화를 이루고 있는 것이다. 나도 살고 너도 살지만, 서로 해치지 않는 조화의 질서가 바로 유교의 자연관인 것이다.

① 유교와 현대 철학 – 환경 파괴 문제에 관하여
② 우주를 지배하는 자연의 질서 – 자연이 보여준 놀라운 복원력
③ 유교에서 바라본 자연관 – 자연과 인간의 공존을 찾아서
④ 유교의 현대적인 의미 – 자연에서 발견하는 삶의 지혜
⑤ 유교에서 바라본 현대문명 – 자존과 공존의 문명을 그리며

07 다음 중 (가) ~ (라)를 논리적 순서대로 바르게 나열한 것은?

> (가) 또 그는 현대 건축 이론 중 하나인 '도미노 이론'을 만들었는데, 도미노란 집을 뜻하는 라틴어 '도무스
> (Domus)'와 혁신을 뜻하는 '이노베이션(Innovation)'을 결합한 단어다.
>
> (나) 그는 이 이론의 원칙을 통해 인간이 효율적으로 살 수 있는 집을 꾸준히 연구해 왔으며, 그가 제안한
> 건축방식 중 필로티와 옥상정원 등이 최근 우리나라 주택에 많이 쓰이고 있다.
>
> (다) 최소한의 철근콘크리트 기둥들이 모서리를 지지하고 평면의 한쪽에서 각 층으로 갈 수 있게 계단을 만든
> 개방적 구조가 이 이론의 핵심이다. 건물을 돌이나 벽돌을 쌓아 올리는 조적식 공법으로만 지었던 당시
> 에 이와 같은 구조는 많은 이들에게 적지 않은 충격을 주었다.
>
> (라) 스위스 출신의 프랑스 건축가 르 코르뷔지에(Le Corbusier)는 근대주택의 기본형을 추구했다는 점에서
> 현대 건축의 거장으로 불린다. 그는 현대 건축에서의 집의 개념을 '거주 공간'에서 '더 많은 사람이 효율
> 적으로 살 수 있는 공간'으로 바꿨다.

① (나) – (가) – (다) – (라) ② (나) – (다) – (라) – (가)
③ (다) – (가) – (라) – (나) ④ (라) – (가) – (다) – (나)
⑤ (라) – (나) – (가) – (다)

08 다음 상황에 어울리는 사자성어로 가장 적절한 것은?

> 대규모 댐 건설 사업 공모에 K건설회사가 참여하였다. 해당 사업은 막대한 자금과 고도의 건설 기술이 필요
> 했기에 K건설회사가 감당하기 어려운 것이었다. 많은 사람들은 무리하게 공모에 참여한 K건설회사에 대해
> 무모하다고 여겼다.

① 각골난망(刻骨難忘)

② 난공불락(難攻不落)

③ 빈천지교(貧賤之交)

④ 당랑거철(螳螂拒轍)

⑤ 파죽지세(破竹之勢)

09 다음 중 빈칸에 들어갈 내용으로 가장 적절한 것은?

자율주행차란 운전자가 핸들과 가속페달, 브레이크 등을 조작하지 않아도 정밀한 지도, 위성항법시스템(GPS) 등 차량의 각종 센서로 상황을 파악해 스스로 목적지까지 찾아가는 자동차를 말한다. 국토교통부는 자율주행차의 상용화를 위해 '부분자율주행차(레벨 3)' 안전기준을 세계 최초로 도입했다고 밝혔다. 이에 따라 7월부터는 자동으로 차로를 유지하는 기능이 탑재된 레벨 3 자율주행차의 출시와 판매가 가능해진다. 국토부가 마련한 안전기준에 따르면 레벨 3 부분자율주행차는 운전자 탑승이 확인된 후에만 작동할 수 있다. 자동 차로 유지기능은 운전자가 직접 운전하지 않아도 자율주행시스템이 차선을 유지하면서 주행하고 긴급상황 등에 대응하는 기능이다. 기존 레벨 2는 차로 유지기능을 작동했을 때 차량이 차선을 이탈하면 경고 알람이 울리는 정도여서 운전자가 직접 운전을 해야 했지만, 레벨 3 안전기준이 도입되면 지정된 작동영역 안에서는 자율주행차의 책임 아래 _____

① 운전자가 탑승하지 않더라도 자율주행이 가능해진다.
② 운전자가 직접 조작하지 않더라도 자동으로 속도 조절이 가능해진다.
③ 운전자가 운전대에서 손을 떼고도 차로를 유지하며 자율주행이 가능해진다.
④ 운전자가 직접 조작하지 않더라도 차량 간 일정한 거리 유지가 가능해진다.
⑤ 운전자가 차선을 이탈할 경우 경고 알람이 울리므로 운전자의 집중이 요구된다.

10 다음은 '소비자 권익 증진'을 주제로 하는 글의 개요이다. 개요를 수정·보완할 내용으로 가장 적절한 것은?

---

1. 문제 제기
2. 소비자 권익 침해의 실태와 그 원인
   (1) 실태 ·· ㉠
       ㉮ 상품 선택권 제약
       ㉯ 부실한 피해 보상
   (2) 원인
       ㉮ 사업자 간 경쟁의 부재
       ㉯ 소비자 의식 교육 기회 부족
       ㉰ 불합리한 피해 보상 절차 및 제도 ·················· ㉡
3. 소비자 권익 증진을 위한 대책
   (1) 사업자 간 경쟁의 활성화 ························· ㉢
   (2) 소비자 의식 교육 기회 확대
   (3) 소비자 구제 제도의 내실화 ···················· ㉣
       ㉮ 소비자 보호 기관의 역할 강화
       ㉯ 사업자 감독 기관과의 정책 연계
4. 소비자 의식 함양을 통한 소비자 권익 증진 ············· ㉤

---

① 글의 완결성을 높이기 위해 ㉠의 하위 항목으로 '소비자 상품 선호도의 변화'를 추가한다.
② ㉡은 '2 – (1) – ㉯'와 중복되므로 생략한다.
③ ㉢은 주제에서 벗어난 내용이므로 '사업자 간 경쟁의 규제'로 바꾼다.
④ 논리적 일관성을 고려해 ㉣을 '소비자 피해 실태 조사를 위한 기구 설치'로 바꾼다.
⑤ 주장을 요약하여 강조하기 위해 ㉤을 '소비자 권익 증진을 위한 대책 촉구'로 바꾼다.

11 홍은, 영훈, 성준이는 K공사 공채에 지원했고, 필기전형에 합격할 확률이 각각 $\dfrac{6}{7}$, $\dfrac{3}{5}$, $\dfrac{1}{2}$ 이다. 세 사람 중 두 사람이 합격할 확률을 $\dfrac{b}{a}$ 라 할 때, $a+b$의 값은?(단, a와 b는 서로소이다)

① 64
② 77
③ 90
④ 103
⑤ 133

12 A지점을 출발하여 B지점에 도착하는 K열차와 G열차가 있다. K열차는 G열차보다 분당 속도가 3km 빠르다. 두 열차가 동시에 A지점을 출발했고, 전체 운행 거리의 $\dfrac{4}{5}$ 지점에서 K열차가 분당 속도를 5km 늦췄더니, 두 열차가 B지점에 동시에 도착했다. K열차의 처음 출발 속도는 얼마인가?

① 6km/min
② 7km/min
③ 8km/min
④ 9km/min
⑤ 10km/min

13 K영화관 C지점이 설립됐다. C지점에서는 개업 이벤트로 10명씩 모여 예매하면 20%를 할인해 준다. G고등학교 1학년 2반 학생들은 C지점에서 단체 영화 관람을 하기로 했다. 2반 학생 수가 총 46명일 때, 이벤트 이전에 지불해야 하는 금액보다 얼마나 할인을 받을 수 있는가?(단, 청소년 한 명의 요금은 8,000원이다)

① 61,000원
② 64,000원
③ 67,000원
④ 71,000원
⑤ 75,000원

※ 다음은 2021년과 2023년에 사물인터넷 사업을 수행하고 있는 기업들의 애로사항 및 정부 지원 요청사항에 대해 조사한 자료이다. 이어지는 질문에 답하시오. **[14~15]**

〈사물인터넷 사업 시 애로사항〉

(단위 : %)

구분	2021년	2023년
불확실한 시장성	19.4	10.9
사업 추진 자금의 부족	10.1	22.4
정부의 정책적 지원 미비	17.3	23.0
비즈니스 모델 부재	12.8	12.3
표준화 미비	19.2	12.0
보유 기술력 / 인력 부족	6.1	8.7
가격 부담	5.5	5.6
사물인터넷 인식 부족	4.2	5.1
기타	2.6	–
무응답	2.8	–
합계	100.0	100.0

〈사물인터넷 사업 시 정부 지원 요청사항〉

(단위 : %)

구분	2021년	2023년
확산 사업 확대	14.2	11.9
R&D 사업 확대	22.9	21.5
개발 및 도입자금 지원	36.4	26.5
도입 시 세제 / 법제도 지원	9.5	15.5
국내외 기술 표준화 지원	7.6	6.7
시험인증지원 확대	–	1.7
기술 인력 양성 지원 확대	7.1	10.5
해외 진출 지원	1.9	1.7
성공사례 등의 정보제공	–	0.7
중소·중견 기업 위주의 지원	–	3.2
기타	–	0.1
무응답	0.4	–
합계	100.0	100.0

14 다음 중 사물인터넷 사업 시 애로사항에 대한 설명으로 옳은 것은?

① 2021년과 2023년 애로사항 중 가장 많은 비중을 차지하는 항목은 동일하다.

② 2021년 대비 2023년 '사물인터넷 인식 부족'을 애로사항으로 응답한 기업 비율의 증가율은 '사업 추진 자금이 부족'을 애로사항으로 응답한 기업 비율의 증가율보다 높다.

③ 2021년에 비해 2023년에 그 구성비가 증가한 항목의 수는 '무응답'을 제외한 전체 항목 수의 40% 이상이다.

④ '표준화 미비'를 애로사항으로 지적한 기업의 수는 2021년 대비 2023년에 감소하였다.

⑤ 2023년에 '불확실한 시장성'을 애로사항으로 응답한 기업의 수는 '비즈니스 모델 부재'를 애로사항으로 응답한 기업 수의 80% 미만이다.

15 다음은 사물인터넷 사업 시 애로사항 및 정부 지원 요청사항에 대한 설명이다. 〈보기〉 중 옳지 않은 설명을 한 사람을 모두 고르면?(단, 소수점 둘째 자리에서 반올림한다)

〈보기〉

진영 : 2021년에 '가격 부담'을 애로사항이라고 응답한 기업의 비율은 2023년에 '개발 및 도입자금 지원'을 정부 지원 요청사항으로 응답한 기업의 비율보다 45% 이상 높다.

준엽 : 2021년에 '기타'를 애로사항으로 응답한 기업의 수는 2023년에 '사업 추진 자금의 부족'을 애로사항으로 응답한 기업 수의 10배 이상이야.

지원 : 2023년에 정부 지원 요청사항에 대해 '도입 시 세제 / 법제도 지원'이라고 응답한 기업의 수는 '기술 인력 양성 지원 확대'라고 응답한 기업의 수보다 30% 더 많다.

① 진영   ② 준엽
③ 진영, 준엽   ④ 진영, 지원
⑤ 준엽, 지원

※ 다음은 K사에서 제품별 밀 소비량을 조사한 그래프이다. 이어지는 질문에 답하시오. [16~17]

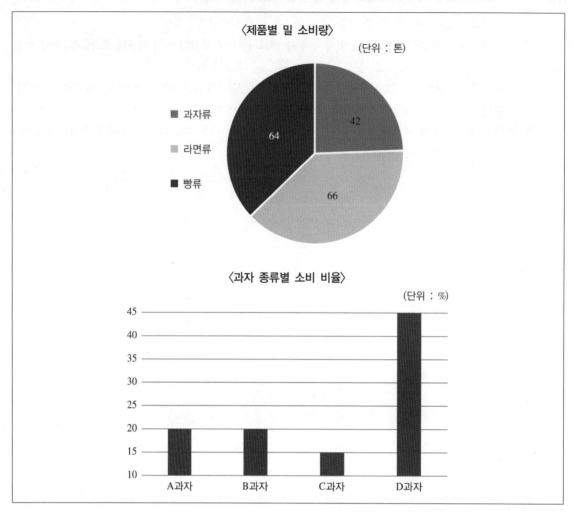

〈제품별 밀 소비량〉

(단위 : 톤)

- 과자류
- 라면류
- 빵류

42
66
64

〈과자 종류별 소비 비율〉

(단위 : %)

A과자   B과자   C과자   D과자

16 K사가 과자류에 밀 사용량을 늘리기로 결정하였다. 라면류와 빵류에 소비되는 밀 소비량의 각각 10%씩을 과자류에 사용한다면, 과자류에는 총 몇 톤의 밀을 사용하게 되는가?

① 45톤　　　　　　　　　　　　② 50톤

③ 55톤　　　　　　　　　　　　④ 60톤

⑤ 65톤

17 A∼D과자 중 가장 많이 밀을 소비하는 과자와 가장 적게 소비하는 과자의 밀 소비량 차이는 몇 톤인가?(단, 제품별 밀 소비량 그래프의 과자류 밀 소비량 기준이다)

① 10.2톤　　　　　　　　　　　② 11.5톤

③ 12.6톤　　　　　　　　　　　④ 13톤

⑤ 14.4톤

18 다음 상황을 근거로 판단할 때, 짜장면 한 그릇의 가격은?

- K중식당의 테이블별 주문 내역과 그 총액은 아래 표와 같다.
- 각 테이블에서는 음식을 주문 내역별로 한 그릇씩 주문하였다.

테이블	주문 내역	총액(원)
1	짜장면, 탕수육	17,000
2	짬뽕, 깐풍기	20,000
3	짜장면, 볶음밥	14,000
4	짬뽕, 탕수육	18,000
5	볶음밥, 깐풍기	21,000

① 4,000원 ② 5,000원
③ 6,000원 ④ 7,000원
⑤ 8,000원

19 다음은 K공사의 모집단위별 지원자 수 및 합격자 수를 나타낸 자료이다. 이에 대한 설명으로 옳지 않은 것은?

〈모집단위별 지원자 수 및 합격자 수〉

(단위 : 명)

모집단위	남성		여성		합계	
	합격자 수	지원자 수	합격자 수	지원자 수	모집정원	지원자 수
A집단	512	825	89	108	601	933
B집단	353	560	17	25	370	585
C집단	138	417	131	375	269	792
합계	1,003	1,802	237	508	1,240	2,310

※ [경쟁률(%)] = $\dfrac{(지원자\ 수)}{(모집정원)} \times 100$

※ 경쟁률은 소수점 첫째 자리에서 반올림함

① 세 개의 모집단위 중 총지원자 수가 가장 많은 집단은 A집단이다.
② 세 개의 모집단위 중 합격자 수가 가장 적은 집단은 C집단이다.
③ K공사의 남성 합격자 수는 여성 합격자 수의 5배 이상이다.
④ B집단의 경쟁률은 158%이다.
⑤ C집단에서는 남성의 경쟁률이 여성의 경쟁률보다 높다.

20 다음은 K공장에서 근무하는 근로자들의 임금 수준 분포를 나타낸 자료이다. 근로자 전체에게 지급된 임금(월 급여)의 총액이 2억 원일 때, 〈보기〉 중 옳은 것을 모두 고르면?

〈근로자 임금 수준 분포〉

임금 수준(만 원)	근로자 수(명)
월 300 이상	4
월 270 이상 300 미만	8
월 240 이상 270 미만	12
월 210 이상 240 미만	26
월 180 이상 210 미만	30
월 150 이상 180 미만	6
월 150 미만	4
합계	90

〈보기〉
① 근로자당 평균 월 급여액은 230만 원 이하이다.
② 절반 이상의 근로자들이 월 210만 원 이상의 급여를 받고 있다.
③ 월 180만 원 미만의 급여를 받는 근로자의 비율은 약 14%이다.
④ 적어도 15명 이상의 근로자가 월 250만 원 이상의 급여를 받고 있다.

① ㉠
② ㉠, ㉡
③ ㉠, ㉡, ㉣
④ ㉡, ㉢, ㉣
⑤ ㉠, ㉡, ㉢, ㉣

※ 다음은 K공사의 출장비 지급규정이다. 이어지는 질문에 답하시오. [21~22]

〈출장비 지급규정〉

- 일비는 직급별로 지급되는 금액을 기준으로 출장일수에 맞게 지급한다.
- 교통비는 대중교통(버스, 기차 등) 및 택시를 이용한 금액만 실비로 지급한다.
- 숙박비는 1박당 제공되는 숙박비를 넘지 않는 선에서 실비로 지급한다.
- 식비는 직급별로 지급되는 금액을 기준으로 1일당 3식으로 계산하여 지급한다.

〈출장 시 지급비용〉

(단위 : 원)

구분	일비(1일)	숙박비(1박)	식비(1식)
사원	20,000	100,000	6,000
대리	30,000	120,000	8,000
과장	50,000	150,000	10,000
부장	60,000	180,000	10,000

---

21 대리 1명과 과장 1명이 2박 3일간 부산으로 출장을 다녀왔다면, 지급받을 수 있는 출장비는 총 얼마인가?

〈부산 출장 지출내역〉

- 서울 시내버스 및 지하철 이동 : 3,200원(1인당)
- 서울 – 부산 KTX 이동(왕복) : 121,800원(1인당)
- 부산 P호텔 스탠다드 룸 : 150,000원(1인당, 1박)
- 부산 시내 택시 이동 : 10,300원

① 1,100,300원 ② 1,124,300원
③ 1,179,300원 ④ 1,202,300원
⑤ 1,224,300원

---

22 사원 2명과 대리 1명이 1박 2일간 강릉으로 출장을 다녀왔다면, 지급받을 수 있는 출장비는 총 얼마인가?

〈강릉 출장 지출내역〉

- 서울 – 강릉 자가용 이동(왕복) : 주유비 100,000원
- 강릉 X호텔 트리플룸 : 80,000원(1인당, 1박)
- 식비 : 총 157,000원

① 380,000원 ② 480,000원
③ 500,000원 ④ 537,000원
⑤ 545,000원

---

23 K회사에서는 냉방 효율을 위하여 층별 에어컨 수와 종류를 조정하기 위해 판매하는 구형 에어컨과 구입하는 신형 에어컨의 수를 최소화하려고 한다. 이때, 에어컨을 사고팔 때 드는 비용은 얼마인가?

〈냉방 효율 조정 방안〉

구분	조건	미충족 시 조성 방안
1	층별 전기료 월 75만 원 미만	구형 에어컨을 판매
2	층별 구형 에어컨 대비 신형 에어컨 비율 $\frac{1}{2}$ 이상 유지	신형 에어컨을 구입

※ 구형 에어컨 1대 전기료는 월 5만 원이고, 신형 에어컨 1대 전기료는 월 3만 원임
※ 구형 에어컨 1대 중고 판매가는 10만 원이고, 신형 에어컨 1대 가격은 50만 원임
※ 조건과 조정 방안은 1번부터 적용하며 2번 적용 후 1번 조정 방안을 다시 적용하지 않음

〈층별 냉방시설 현황〉

(단위 : 대)

구분	1층	2층	3층	4층	5층
구형	10	13	15	11	12
신형	4	5	7	6	5

① 50만 원
② 55만 원
③ 60만 원
④ 65만 원
⑤ 70만 원

24 K회사는 해외지사에서 근무 중인 직원들 중 업무성과가 우수한 직원을 선발하여 국내로 초청하고자 한다. 다음 자료를 토대로 추청했을 때 각국 직원들이 국내에 도착하는 순서로 가장 적절한 것은?

〈각국 해외지사 직원들의 비행 스케줄〉

출발지	출발지 기준 이륙시각	비행시간 (출발지 → 대한민국)
독일(뮌헨)	2025년 3월 7일(금) 오후 04:20	11시간 30분
인도(뉴델리)	2025년 3월 7일(금) 오후 10:10	8시간 30분
미국(뉴욕)	2025년 3월 7일(금) 오전 07:40	14시간

〈동일시점에서의 각국의 현지 시각〉

국가	현지 시각
대한민국(서울)	2025년 3월 7일(금) 오전 06:20
독일(뮌헨)	2025년 3월 6일(목) 오후 11:20
인도(뉴델리)	2025년 3월 7일(금) 오전 03:50
미국(뉴욕)	2025년 3월 6일(목) 오후 05:20

① 인도 – 독일 – 미국
② 인도 – 미국 – 독일
③ 미국 – 독일 – 인도
④ 미국 – 인도 – 독일
⑤ 독일 – 뉴욕 – 인도

※ K회사 인사팀에 근무하고 있는 E대리는 다른 부서의 D대리와 B과장의 승진심사를 위해 다음과 같이 표를 작성하였다. 이어지는 질문에 답하시오. **[25~26]**

〈승진심사 점수〉

(단위 : 점)

구분	기획력	업무실적	조직 성과업적	청렴도	승진심사 평점
B과장	80	72	78	70	( )
D대리	60	70	48	( )	63.6

※ 승진심사 평점은 기획력 30%, 업무실적 30%, 조직 성과업적 25%, 청렴도 15%로 계산함
※ 부문별 만점 기준점수는 100점임

25 다음 중 D대리의 청렴도 점수로 옳은 것은?

① 80점　　　　　　　　　　　② 81점
③ 82점　　　　　　　　　　　④ 83점
⑤ 84점

26 K회사에서 과장이 승진후보에 오르기 위해서는 승진심사 평점이 80점 이상이어야 한다. B과장이 승진후보가 되기 위해 몇 점이 더 필요한가?

① 4.2점　　　　　　　　　　　② 4.4점
③ 4.6점　　　　　　　　　　　④ 4.8점
⑤ 5.0점

27 K공사의 기획팀 B팀장은 C사원에게 K공사에 대한 마케팅 전략 보고서를 요청하였다. C사원이 B팀장에게 제출한 SWOT 분석이 다음과 같을 때, 밑줄 친 ㉠ ~ ㉤ 중 적절하지 않은 것은?

강점(Strength)	• 새롭고 혁신적인 서비스 • ㉠ 직원들에게 가치를 더하는 공사의 다양한 측면 • 특화된 마케팅 전문 지식
약점(Weakness)	• 낮은 품질의 서비스 • ㉡ 경쟁자의 시장 철수로 인한 새로운 시장 진입 가능성
기회(Opportunity)	• ㉢ 합작회사를 통한 전략적 협력 구축 가능성 • 글로벌 시장으로의 접근성 향상
위협(Threat)	• ㉣ 주력 시장에 나타난 신규 경쟁자 • ㉤ 경쟁 기업의 혁신적 서비스 개발 • 경쟁 기업과의 가격 전쟁

① ㉠
② ㉡
③ ㉢
④ ㉣
⑤ ㉤

28 K공사는 미세먼지 정화설비 A ~ F 중 일부를 도입하고자 한다. 설비들의 호환성에 따른 도입규칙이 다음과 같을 때, 도입하는 설비끼리 짝지어진 것은?

〈호환성에 따른 도입규칙〉

• A설비는 반드시 도입한다.
• B설비를 도입하지 않으면 D설비를 도입한다.
• E설비를 도입하면 A설비를 도입하지 않는다.
• B·E·F설비 중 적어도 두 개는 반드시 도입한다.
• E설비를 도입하지 않고, F설비를 도입하면 C설비는 도입하지 않는다.
• 최대한 많은 설비를 도입한다.

① A, B, E
② A, C, F
③ A, B, C, E
④ A, B, D, F
⑤ A, C, D, E, F

29 K회사에서는 신입사원 2명을 채용하기 위하여 서류와 필기전형을 통과한 갑~정 네 명의 최종 면접을 실시하려고 한다. 다음과 같이 네 개 부서의 팀장이 각각 네 명의 채용 우선순위를 결정하였을 때, 면접 결과에 대한 〈보기〉의 설명 중 옳은 것을 모두 고르면?

〈면접 결과〉

면접관 순위	인사팀장	경영관리팀장	영업팀장	회계팀장
1순위	을	갑	을	병
2순위	정	을	병	정
3순위	갑	정	정	갑
4순위	병	병	갑	을

※ 우선순위가 높은 사람 순서로 2명을 채용함
※ 동점자는 인사, 경영관리, 영업, 회계팀장 순서로 부여한 고순위자로 결정함
※ 각 팀장이 매긴 순위에 대한 가중치는 모두 동일함

─────〈보기〉─────
㉠ '을' 또는 '정' 중 한 명이 입사를 포기하면 '갑'이 채용된다.
㉡ 인사팀장이 '을'과 '정'의 순위를 바꿨다면 '갑'이 채용된다.
㉢ 경영관리팀장이 '갑'과 '병'의 순위를 바꿨다면 '정'은 채용되지 못한다.

① ㉠

② ㉠, ㉡

③ ㉠, ㉢

④ ㉡, ㉢

⑤ ㉠, ㉡, ㉢

30 K공사는 한국 현지 시각 기준으로 오후 4시부터 5시까지 외국 지사와 화상 회의를 진행하려고 한다. 모든 지사는 각국 현지 시각으로 오전 8시부터 오후 6시까지 근무한다고 때, 다음 중 회의에 참석할 수 없는 지사는?(단, 서머타임을 시행하는 국가는 +1:00을 반영한다)

국가	시차	국가	시차
파키스탄	−4:00	불가리아	−6:00
호주	+1:00	영국	−9:00
싱가포르	−1:00		

※ 낮 12시부터 1시까지는 점심시간이므로 회의를 진행하지 않음
※ 서머타임 시행 국가 : 영국

① 파키스탄 지사

② 불가리아 지사

③ 호주 지사

④ 영국 지사

⑤ 싱가포르 지사

31 Q물류회사에서 근무 중인 H사원에게 화물운송기사 두 명이 찾아와 운송시간에 대한 질문을 하였다. 주요 도시 간 이동시간 자료를 참고했을 때, 두 기사에게 안내해야 할 시간은?(단, H사원과 두 기사는 A도시에 위치하고 있다)

> K기사 : 저는 여기서 화물을 싣고 E도시로 운송한 후에 C도시로 가서 다시 화물을 싣고 여기로 돌아와야 하는데 시간이 얼마나 걸릴까요? 최대한 빨리 마무리지었으면 좋겠는데….
>
> P기사 : 저는 여기서 출발해서 모든 도시를 한 번씩 거쳐 다시 여기로 돌아와야 해요. 만약에 가장 짧은 이동시간으로 다녀오면 얼마나 걸릴까요?

〈주요도시 간 이동시간〉

(단위 : 시간)

출발도시＼도착도시	A	B	C	D	E
A	–	1.0	0.5	–	–
B	–	–	–	1.0	0.5
C	0.5	2.0	–	–	–
D	1.5	–	–	–	0.5
E	–	–	2.5	0.5	–

※ 화물을 싣고 내리기 위해 각 도시에서 정차하는 시간은 고려하지 않음
※ '–' 표시가 있는 구간은 이동이 불가능함

	K기사	P기사		K기사	P기사
①	4시간	4시간	②	4.5시간	5시간
③	4.5시간	6시간	④	5.5시간	5시간
⑤	5.5시간	6시간			

32 K공사 기획팀 A사원은 다음 주 금요일에 열릴 세미나 장소를 섭외하라는 B부장의 지시를 받았다. 세미나에 참여할 인원은 총 17명이며, 모든 인원이 앉을 수 있는 테이블과 의자, 발표에 사용할 빔 프로젝터 1개가 필요하다. A사원은 모든 회의실의 잔여상황을 살펴보고 가장 적합한 대회의실을 선택하였고, 필요한 비품은 다른 회의실과 창고에서 확보한 후 부족한 물건을 주문하였다. 주문한 비품이 도착한 후 물건을 확인했지만, 수량을 착각해 빠트린 것이 있어 다시 주문하였다면 A사원이 주문할 물품 목록으로 가장 직질한 것은?

〈회의실별 비품 현황〉

(단위 : 개)

구분	대회의실	1회의실	2회의실	3회의실	4회의실
테이블(2인용)	1	1	2	–	–
의자	3	2	–	–	4
빔 프로젝터	–	–	–	–	–
화이트보드	–	–	–	–	–
보드마커	2	3	1	–	2

〈창고 내 비품 보유 현황〉

(단위 : 개)

구분	테이블(2인용)	의자	빔 프로젝터	화이트보드	보드마커
창고	–	2	1	5	2

〈1차 주문서〉

- 테이블(2인용) 4개
- 화이트보드 1개
- 의자 1개
- 보드마커 2개

① 빔 프로젝터 1개, 의자 3개
② 빔 프로젝터 1개, 테이블 1개
③ 테이블 1개, 의자 5개
④ 테이블 9개, 의자 6개
⑤ 테이블 9개, 의자 3개

※ K공사는 고객 초청행사 안내 현수막을 설치하려고 한다. 다음 자료를 참고하여 이어지는 질문에 답하시오.
[33~34]

• 현수막 설치 후보 장소 : 주민센터, 공사 본부, 우체국, 주유소, 마트

구분	주민센터	공사 본부	우체국	주유소	마트
설치가능 일자	3월 31일	3월 29일	3월 30일	3월 31일	4월 2일
게시기간	3월 31일~ 4월 15일	3월 29일~ 4월 18일	3월 30일~ 4월 8일	3월 31일~ 4월 8일	4월 2~25일
하루평균 유동인구	230명	300명	260명	270명	310명
설치비용	200만 원	300만 원	250만 원	200만 원	300만 원
게시비용	10만 원/일	8만 원/일	12만 원/일	12만 원/일	7만 원/일

※ 현수막은 유동인구가 가장 많은 2곳에 설치할 예정임
※ 유동인구가 하루 20명 이상 차이나지 않는 경우 게시기간이 긴 장소에 설치함
※ 설치비용은 한 번만 지불함

33 현수막을 3월에만 게시하고자 할 때, 다음 중 안내 현수막을 설치할 장소를 모두 고르면?(단, 설치장소 선정에 설치 및 게시 비용은 고려하지 않는다)

① 주민센터, 공사 본부
② 공사 본부, 우체국
③ 공사 본부, 주유소
④ 주유소, 마트
⑤ 주민센터, 마트

34 상부 지시로 다른 조건은 모두 배제하고 설치 및 게시 비용만 고려하여 가장 저렴한 곳에 현수막을 설치하기로 하였다. 다음 중 현수막을 설치할 장소는?(단, 현수막은 장소마다 제시되어 있는 게시기간 모두를 사용한다)

① 주민센터
② 공사 본부
③ 우체국
④ 주유소
⑤ 마트

35 청원경찰은 6층 회사건물을 층마다 모두 순찰한 후에 퇴근한다. 다음 〈조건〉에 따라 1층에서 출발하여 순찰을 완료하고 다시 1층으로 돌아오기까지 소요되는 최소 시간은?(단, 다른 요인은 고려하지 않는다)

〈조건〉

- 층간 이동은 엘리베이터로만 해야 하며 엘리베이터가 한 개 층을 이동하는 데는 1분이 소요된다.
- 엘리베이터는 한 번에 최대 세 개 층(예 1층 → 4층)을 이동할 수 있다.
- 엘리베이터는 한 번 위로 올라갔으면, 그 다음에는 아래 방향으로 내려오고, 그 다음에는 다시 위 방향으로 올라가야 한다.
- 하나의 층을 순찰하는 데는 10분이 소요된다.

① 1시간   ② 1시간 10분
③ 1시간 16분   ④ 1시간 22분
⑤ 1시간 30분

36 다음 〈조건〉을 토대로 판단할 수 있는 내용으로 옳지 않은 것은?

〈조건〉

- 프로젝트는 A부터 E까지의 작업으로 구성되며, 모든 작업은 동일 작업장 내에서 행해진다.
- 각 작업의 필요 인원과 기간은 다음과 같다.

프로젝트	A작업	B작업	C작업	D작업	E작업
필요 인원(명)	5	3	5	2	4
기간(일)	10	18	50	18	16

    - B작업은 A작업이 완료된 이후에 시작할 수 있음
    - E작업은 D작업이 완료된 이후에 시작할 수 있음

- 각 인력은 A부터 E까지 모든 작업에 동원될 수 있으며, 각 작업에 투입된 인력의 생산성은 동일하다.
- 프로젝트에 소요되는 비용은 1인당 1일 10만 원의 인건비와 1일 50만 원의 작업장 사용료로 구성된다.
- 각 작업의 필요 인원은 증원 또는 감원될 수 없다.

① 프로젝트를 완료하기 위해 필요한 최소 인력은 5명이다.
② 프로젝트를 완료하기 위해 소요되는 최단기간은 50일이다.
③ 프로젝트를 완료하는 데 들어가는 비용은 최소 6천만 원 이하이다.
④ 프로젝트를 최단기간에 완료하는 데 투입되는 최소 인력은 10명이다.
⑤ 프로젝트를 최소 인력으로 완료하는 데 소요되는 최단기간은 94일이다.

37 K기업은 추석을 맞이하여 6차 산업 우수제품 특판 행사에서 직원 선물을 구매하려고 한다. 총무부인 B사원은 상품 명단을 공지하여 부서별로 상품을 하나씩 선택하게 하였다. 상품 선택 결과가 다음과 같을 때, ㉮ ~ ㉰의 가격을 포함한 주문총액을 구하면?

〈6차 산업 우수제품 추석맞이 특판〉

K기업에서는 우수 6차 산업 제품 판매 촉진을 위해 전국 6차 산업 인증 사업자 협회와 함께 2025년 을사년 추석맞이 '6차 산업 우수제품 특판 행사'를 진행합니다.
대한민국 정부가 인증한 6차 산업 경영체가 지역의 농산물을 이용해 생산하여, 신선하고 믿을 수 있는 제품입니다.
이번 행사에는 선물용 세트 12종(흑삼, 한과 등)을 시중 판매 가격 대비 최대 40% 이상 할인된 가격으로 판매하니 많은 주문 바랍니다.

- 주문기간 : 2025년 9월 18일(목) ~ 2025년 9월 25일(목)
- 주문방법 : 상품 주문서 작성 후 이메일 또는 팩스 발송

구분	상품명	구성	정상가(원)	할인율
1	흑삼 에브리진생	흑삼농축액 스틱형(10ml×10포×3입)	75,000	34%
2	하루절편	흑삼절편 200g(20g×10입)	45,000	12%
3	천지수인고	배·도라지·생강 농축액(240g×3입)	120,000	40%
4	도자기꿀	500g	80,000	40%
5	한과 선물세트	찹쌀유과 700g(콩, 백년초, 쑥)	28,000	26%
6	슬로푸드 선물세트	매실액기스 500ml+감식초 500ml	28,000	29%

(단가: 정상가(원) / 할인율)

※ 할인율 적용 시 10원 단위는 절사함

〈부서별 상품주문 현황〉

구분	상품명	개수	가격
총무	하루절편	10개	396,000원
마케팅	슬로푸드 선물세트	13개	㉮
영업	도자기꿀	8개	384,000원
인사	흑삼 에브리진생	16개	㉯
기술	한과 선물세트	9개	㉰

① 1,230,000원
② 1,235,700원
③ 1,236,900원
④ 2,015,000원
⑤ 2,015,700원

38 R부장은 모스크바 현지 영업소로 출장을 갈 계획이다. 4일 오후 2시 회의가 예정되어 있어 모스크바 공항에 적어도 오전 11시 이전에는 도착하고자 한다. 인천에서 모스크바까지는 8시간이 걸리며, 시차는 인천이 모스크바보다 6시간 더 빠르다. R부장은 인천에서 늦어도 몇 시에 출발하는 비행기를 예약해야 하는가?

① 3일 09:00 ② 3일 19:00

③ 4일 09:00 ④ 4일 11:00

⑤ 5일 02:00

39 오전 5시 40분에 당고개에서 출발하는 4호선 오이도행 열차가 있다. 다음은 오이도역에서 출발하는 4호선 당고개행 열차의 출발 시각이다. 오이도에서 당고개까지 총 47개의 역일 때, 당고개에서 출발하는 열차는 오이도에서 출발하는 열차와 몇 번째 역에서 마주치게 되겠는가?(단, 다음 정차역까지 걸리는 시간은 모두 2분 간격이며, 오이도역을 1번으로 하여 순번을 매긴다)

〈당고개행 열차 오이도 출발 시각〉

열차	출발 시각
㉮	06:00
㉯	06:24
㉰	06:48

	㉮	㉯	㉰		㉮	㉯	㉰
①	21번째 역	15번째 역	9번째 역	②	19번째 역	13번째 역	7번째 역
③	17번째 역	11번째 역	5번째 역	④	14번째 역	10번째 역	4번째 역
⑤	14번째 역	9번째 역	3번째 역				

40 한국의 A사, 오스트레일리아의 B사, 아랍에미리트의 C사, 러시아의 D사는 상호협력프로젝트를 추진하고자 화상회의를 하려고 한다. 한국 시각을 기준으로 삼을 때 화상회의가 가능한 시각은?

〈국가별 시간〉

국가(도시)	현지시각
오스트레일리아(시드니)	2025. 04. 15 10:00am
대한민국(서울)	2025. 04. 15 08:00am
아랍에미리트(두바이)	2025. 04. 15 03:00am
러시아(모스크바)	2025. 04. 15 02:00am

※ 각 회사의 위치는 위 자료에 있는 도시에 있음
※ 모든 회사의 근무시간은 현지시각으로 오전 9시 ~ 오후 6시임
※ A, B, D사의 식사시간은 현지시각으로 오후 12시 ~ 오후 1시임
※ C사의 식사시간은 오전 11시 30분 ~ 오후 12시 30분이고 오후 12시 30분부터 오후 1시까지 전 직원이 종교활동을 함
※ 화상회의 소요시간은 1시간임

① 오후 1시 ~ 오후 2시
② 오후 2시 ~ 오후 3시
③ 오후 3시 ~ 오후 4시
④ 오후 4시 ~ 오후 5시
⑤ 오후 5시 ~ 오후 6시

41 H교사는 학생들의 상·벌점을 관리하고 있다. 학생들에 대한 상·벌점 영역인 [B3:B9]에 대해 [셀 서식] – [사용자 지정 형식] 기능을 이용하여 양수는 파란색으로, 음수는 빨간색으로 표현하고자 할 때, 표시 형식의 내용으로 옳은 것은?(단, [B3:B9]의 영역의 표시결과는 그대로 나타나야 한다)

	A	B
1	〈상·벌점 현황〉	
2	이름	상·벌점
3	감우성	10
4	김지훈	8
5	김채연	−12
6	나선정	−5
7	도지환	15
8	도현수	7
9	모수빈	13

① [빨강]#;[파랑]#
② [파랑]#;[빨강]
③ [파랑]＋#;[빨강]－#
④ [파랑]#;[빨강]#
⑤ [파랑]#;[빨강]－#

42 각 워크시트에서 채우기 핸들을 [A3]로 끌었을 때 [A3] 셀에 입력되는 값으로 옳지 않은 것은?

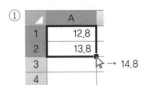 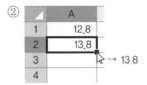

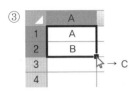 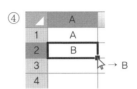

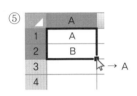

43 파워포인트에서 도형을 그리려고 할 때, 다음 중 옳지 않은 것은?

① 타원의 경우 도형 선택 후 〈Shift〉 키를 누르고 드래그하면 정원으로 크기 조절이 가능하다.

② 도형 선택 후 〈Shift〉 키를 누르고 도형을 회전시키면 30° 간격으로 회전시킬 수 있다.

③ 타원을 중심에서부터 정비례로 크기를 조절하려면 〈Ctrl〉+〈Shift〉 키를 함께 누른 채 드래그한다.

④ 도형 선택 후 〈Ctrl〉+〈D〉 키를 누르면 크기와 모양이 같은 도형이 일정한 간격으로 반복해서 나타난다.

⑤ 도형을 선택하고 〈Ctrl〉+〈Shift〉 키를 누르고 수직 이동하면 수직 이동된 도형이 하나 더 복사된다.

44 다음 중 다양한 상황과 변수에 따른 여러 가지 결괏값의 변화를 가상의 상황을 통해 예측하여 분석할 수 있는 도구는?

① 시나리오 관리자   ② 목표값 찾기

③ 부분합   ④ 통합

⑤ 데이터 표

45 직장인 K씨는 아침회의에 프레젠테이션을 이용하여 발표를 진행하다가 키보드의 〈Home〉 버튼을 잘못 눌러 슬라이드 쇼 화면 상태에서 슬라이드가 처음으로 되돌아가 버렸다. 발표를 진행했던 슬라이드부터 프레젠테이션을 실행하기 위해 〈ESC〉 버튼을 눌러 쇼 화면 상태에서 나간 후, 〈여러 슬라이드〉에서 해당 슬라이드를 선택하여 프레젠테이션을 실행하려고 할 때, 직장인 K씨가 눌러야 할 단축키로 옳은 것은?

① 〈Ctrl〉+〈S〉   ② 〈Shift〉+〈F5〉

③ 〈Ctrl〉+〈P〉   ④ 〈Shift〉+〈F10〉

⑤ 〈Ctrl〉+〈M〉

46 K공사는 이번 달에 총 7명의 사원을 새로 뽑았다. 신입직원의 거주지가 영통구이거나 팔달구이면 매탄2지점에 배치하고 그 외에는 금곡지점에 배치하려고 한다. [D2] 셀에 수식을 입력한 후 채우기 핸들 기능으로 [D2:D8] 셀을 채우려고 할 때, [D2] 셀에 입력해야 하는 수식으로 옳은 것은?

	A	B	C	D
1	이름	거주지역	경력유무	지점명
2	최민준	팔달구	유	매탄2지점
3	김진서	권선구	유	금곡지점
4	이예준	권선구	유	금곡지점
5	김수빈	장안구	무	금곡지점
6	서민재	영통구	유	매탄2지점
7	조예은	팔달구	무	매탄2지점
8	박우진	영통구	무	매탄2지점

① =IF(OR(B2="장안구",B2="영통구"),"금곡지점","매탄2지점")

② =IF(OR(B2="팔달구",B2="영통구"),"금곡지점","매탄2지점")

③ =IF(OR(B2="팔달구",B2="영통구"),"매탄2지점","금곡지점")

④ =IF(AND(B2="팔달구",B2="영통구"),"매탄2지점","금곡지점")

⑤ =IF(AND(B2="팔달구",B2="영통구"),"금곡지점","매탄2지점")

47 다음 [C2:C3] 셀과 같이 함수식을 작성한 셀에 결과가 아닌 함수식 자체가 출력되도록 하는 방법으로 옳은 것은?

	A	B	C
1	국어	국사	총점
2	93	94	=SUM(A2:B2)
3	92	88	=SUM(A3:B3)

① [수식] 탭 – [수식 분석] 그룹 – [수식 표시] 클릭
② [보기] 탭 – [표시 / 숨기기] 그룹 – [수식 입력줄] 클릭
③ [셀 서식] – [표시 형식] 탭 – [수식] 선택
④ [셀 서식] – [표시 형식] 탭 – [계산식] 선택
⑤ [수식] 탭 – [수식 분석] 그룹 – [수식 계산] 클릭

48 다음 중 데이터 입력에 대한 설명으로 옳지 않은 것은?

① 셀 안에서 줄 바꿈을 하려면 〈Alt〉+〈Enter〉 키를 누른다.
② 한 행을 블록 설정한 상태에서 〈Enter〉 키를 누르면 블록 내의 셀이 오른쪽 방향으로 순차적으로 선택되어 행단위로 데이터를 쉽게 입력할 수 있다.
③ 여러 셀에 숫자나 문자 데이터를 한 번에 입력하려면 여러 셀이 선택된 상태에서 데이터를 입력한 후 바로 〈Shift〉+〈Enter〉 키를 누른다.
④ 열의 너비가 좁아 입력된 날짜 데이터 전체를 표시하지 못하는 경우 셀의 너비에 맞춰 '#'이 반복 표시된다.
⑤ 〈Ctrl〉+세미콜론(;)을 누르면 오늘 날짜, 〈Ctrl〉+〈Shift〉+세미콜론(;)을 누르면 현재 시각이 입력된다.

49 다음 중 입력자료에 주어진 표시형식으로 지정한 경우 그 결과가 옳지 않은 것은?

	표시형식	입력자료	표시결과
①	#,##0,	12345	12
②	0.00	12345	12345.00
③	dd-mmm-yy	2024/06/25	25-June-24
④	@@"**"	컴활	컴활컴활**
⑤	@사랑	우리	우리사랑

50 귀하는 최근 회사 내 업무용 개인 컴퓨터의 보안을 강화하기 위하여 다음과 같은 메일을 받았다. 메일 내용을 토대로 귀하가 취해야 할 행동으로 적절하지 않은 것은?

발신 : 전산보안팀

수신 : 전 임직원

제목 : 업무용 개인 컴퓨터 보안대책 공유

내용 :
안녕하십니까. 전산팀 P팀장입니다.
최근 개인정보 유출 등 전산보안 사고가 자주 발생하고 있어 각별한 주의가 필요한 상황입니다. 이에 따라 자사에서도 업무상 주요 정보가 유출되지 않도록 보안프로그램을 업그레이드하는 등 전산보안을 더욱 강화하고 있습니다.
무엇보다 업무용 개인 컴퓨터를 사용하는 분들이 특히 신경을 많이 써 주셔야 철저한 보안이 실천됩니다. 번거로우시더라도 아래와 같은 사항을 따라 주시길 바랍니다.

• 인터넷 익스플로러를 종료할 때마다 검색기록이 삭제되도록 설정해 주세요.
• 외출 또는 외근으로 장시간 컴퓨터를 켜 두어야 하는 경우에는 인터넷 검색기록을 직접 삭제해 주세요.
• 인터넷 검색기록 삭제 시, 기본 설정되어 있는 항목 외에도 '다운로드 기록', '양식 데이터', '암호', '추적방지와 ActiveX 필터링 및 Do Not Track 데이터'를 모두 체크하여 삭제해 주세요(단, 즐겨찾기 웹 사이트 데이터 보존 부분은 체크 해제할 것).
• 인터넷 익스플로러에서 방문한 웹 사이트 목록을 저장하는 기간을 5일로 변경해 주세요.
• 자사에서 제공 중인 보안프로그램은 항시 업데이트하여 최신 상태로 유지해 주세요.

위 사항을 적용하는 데 어려움이 있을 경우에는 아래 첨부파일에 이미지와 함께 친절하게 설명되어 있으니 참고 바랍니다.

〈첨부〉 업무용 개인 컴퓨터 보안대책 적용 방법 설명(이미지).zip

---

① 검색기록 삭제 시 [인터넷 옵션]의 '일반' 카테고리에 있는 [삭제]를 클릭하여 기존에 설정되어 있는 항목을 포함한 모든 항목을 체크하여 삭제한다.
② 장시간 외출할 경우에는 [인터넷 옵션]의 '일반' 카테고리에 있는 [삭제]를 클릭해 직접 삭제한다.
③ 인터넷 익스플로러에서 [도구(또는 톱니바퀴 모양)]를 클릭하여 [인터넷 옵션]의 '일반' 카테고리에 있는 [종료할 때 검색기록 삭제]를 체크한다.
④ [인터넷 옵션]의 '일반' 카테고리 중 검색기록 부분에서 [설정]을 클릭하고, '기록' 카테고리의 [페이지 보관 일수]를 5일로 설정한다.
⑤ 자사의 보안프로그램을 실행하고 [설정]에서 업데이트를 실행한다.

3일 차
기출응용 모의고사

〈문항 및 시험시간〉

영역	문항 수	시험시간	모바일 OMR 답안채점 / 성적분석 서비스
의사소통능력+수리능력+문제해결능력 +자원관리능력+정보능력	50문항	60분	

3일 차 기출응용 모의고사

문항 수 : 50문항
시험시간 : 60분

01 다음 문단을 논리적 순서대로 바르게 나열한 것은?

> (가) 결국 이를 다시 생각하면, 과거와 현재의 문화 체계와 당시 사람들의 의식 구조, 생활상 등을 역추적할 수 있다는 말이 된다. 즉, 동물의 상징적 의미가 문화를 푸는 또 하나의 열쇠이자 암호가 되는 것이다. 그리고 동물의 상징적 의미를 통해 인류의 총체인 문화의 실타래를 푸는 것은 우리는 어떤 존재인가라는 정체성에 대한 답을 하는 과정이 될 수 있다.
>
> (나) 인류는 선사시대부터 생존을 위한 원초적 본능에서 동굴이나 바위에 그림을 그리는 일종의 신앙 미술을 창조했다. 신앙 미술은 동물에게 여러 의미를 부여하기 시작했고, 동물의 상징적 의미는 현재까지도 이어지고 있다. 1억 원 이상 복권 당첨자의 23%가 돼지꿈을 꿨다거나, 황금돼지해에 태어난 아이는 만복을 타고난다는 속설 때문에 결혼과 출산이 줄을 이었고, 대통령 선거에서 '두 돼지가 나타나 두 뱀을 잡아먹는다.'는 식으로 후보들이 홍보를 하기도 했다. 이렇게 동물의 상징적 의미는 우리 시대에도 여전히 유효한 관념으로 남아 있는 것이다.
>
> (다) 동물의 상징적 의미는 시대나 나라에 따라 변하고 새로운 역사성을 담기도 했다. 예를 들면, 뱀은 다산의 상징이자 불사의 존재이기도 했지만, 사악하고 차가운 간사한 동물로 여겨지기도 했다. 하지만 그리스에서 뱀은 지혜의 신이자, 아테네의 상징물이었고, 논리학의 상징이었다. 그리고 과거에 용은 숭배의 대상이었으나, 상상의 동물일 뿐이라는 현대의 과학적 사고는 지금의 용에 대한 믿음을 약화시키고 있다.
>
> (라) 동물의 상징적 의미가 이렇게 다양하게 변하는 것은 문화가 살아 움직이기 때문이다. 문화는 인류의 지식, 신념, 행위의 총체로서, 동물의 상징적 의미 또한 문화에 속한다. 문화는 항상 현재 진행형이기 때문에 현재의 생활이 바로 문화이며, 이것은 미래의 문화로 전이된다. 문화는 과거, 현재, 미래가 따로 떨어진 게 아니라 뫼비우스의 띠처럼 연결되어 있는 것이다. 다시 말하면 그 속에 포함된 동물의 상징적 의미 또한 거미줄처럼 얽히고설켜 형성된 것으로, 그 시대의 관념과 종교, 사회·정치적 상황에 따라 의미가 달라질 수밖에 없다는 말이다.

① (가) - (다) - (라) - (나)
② (나) - (가) - (다) - (라)
③ (나) - (다) - (라) - (가)
④ (다) - (나) - (라) - (가)
⑤ (다) - (라) - (가) - (나)

02 다음 중 밑줄 친 부분과 같은 의미로 쓰인 것은?

> 고통을 <u>나누면</u> 반이 되고, 즐거움을 <u>나누면</u> 배가 된다.

① 일이 마무리되면 수익금을 공정하게 <u>나누기로</u> 하였다.
② 이번에 마련한 자리를 통해 매장을 운영하면서 겪은 어려움을 함께 <u>나누었다.</u>
③ 감독님, 이렇게 팀을 <u>나눈</u> 기준이 무엇인가요?
④ 나는 피를 <u>나눈</u> 가족을 지구 반대편에 두고 이민을 왔다.
⑤ 자, 그럼 서로 인사를 <u>나누기</u> 바랍니다.

03 다음 중 밑줄 친 ㉠~㉤의 수정 방안으로 적절하지 않은 것은?

학부모들을 상대로 설문조사를 한 결과, 사교육비 절감에 가장 큰 도움을 준 제도는 바로 교과교실제(영어, 수학 등 과목전용교실 운영)였다. 사교육비 중에서도 가장 ㉠ <u>많은 비용이 차지하는</u> 과목이 영어와 수학이라는 점을 고려해 보면 공교육에서 영어, 수학을 집중적으로 가르쳐주는 것이 사교육비 절감에 큰 도움이 되었다는 것을 알 수 있다. 한때 사교육비 절감을 기대하며 도입했던 '방과 후 학교'는 사교육비를 절감하지 못했는데, 이는 학생들을 학교에 묶어놓는 것만으로는 사교육을 막을 수 없다는 점을 시사한다. 학생과 학부모가 적지 않은 비용을 지불하면서도 사교육을 찾게 되는 이유는 ㉡ <u>입시에 도움이 된다.</u> 공교육에서는 정해진 교과 과정에 맞추어 수업을 해야 하고 실력 차이가 나는 학생들을 ㉢ <u>개별적으로</u> 가르쳐야 하기 때문에 입시에 초점을 맞추기가 쉽지 않다. 따라서 공교육만으로는 입시에 뒤처진다고 생각하는 사람들이 많은 것이다. ㉣ <u>그래서</u> 교과교실제에 이어 사교육비 절감에 도움이 되었다고 생각하는 요인이 '다양하고 좋은 학교의 확산'이라는 점을 보면 공교육에도 희망이 있다고 할 수 있다. 인문계, 예체능계, 실업계, 특목고 정도로만 학교가 나눠졌던 과거에 비해 지금은 학생의 특기와 적성에 맞는 다양하고 좋은 학교가 많이 생겨났다. 좋은 대학에 입학하려는 이유가 대학의 서열화와 그에 따른 취업경쟁 때문이라는 것을 생각해 보면 고등학교 때부터 ㉤ <u>미래를 위해 공부할 수 있는 학교는</u> 사교육비 절감과 더불어 공교육의 강화, 과도한 입시 경쟁 완화에 도움이 될 것이다.

① ㉠ : 조사가 잘못 쓰였으므로 '많은 비용을 차지하는'으로 수정한다.
② ㉡ : 호응 관계를 고려하여 '입시에 도움이 되기 때문이다.'로 수정한다.
③ ㉢ : 문맥을 고려하여 '집중적으로'로 수정한다.
④ ㉣ : 앞 내용과 상반된 내용이 이어지므로 '하지만'으로 수정한다.
⑤ ㉤ : 앞 내용을 고려하여 '미래를 위해 공부할 수 있는 학교의 확산은'으로 수정한다.

※ 다음 글을 읽고 이어지는 질문에 답하시오. [4~5]

음속은 온도와 압력의 영향을 받는데, 물속에서의 음속은 공기 중에서보다 4~5배 빠르다. 물속의 음속은 수온과 수압이 높을수록 증가한다. 그런데 해양에서 수압은 수심에 따라 증가하지만, 수온은 수심에 따라 증가하는 것이 아니어서 수온과 수압 중에서 상대적으로 더 많은 영향을 끼치는 요소에 의하여 음속이 결정된다.

음속에 변화를 주는 한 요인인 수온의 변화를 보면, 표층은 태양 에너지가 파도나 해류로 인해 섞이기 때문에 온도 변화가 거의 없다. 그러나 그 아래의 층에서는 태양 에너지가 도달하기 어려워 수심에 따라 수온이 급격히 낮아지고, 이보다 더 깊은 심층에서는 수온 변화가 거의 없다. 표층과 심층 사이에 있는, 깊이에 따라 수온이 급격하게 변화하는 층을 수온약층이라 한다. 표층에서는 수심이 깊어질수록 높은 음속을 보인다. 그러다가 수온이 갑자기 낮아지는 수온약층에서는 음속도 급격히 감소하다가 심층의 특정 수심에서 최소 음속에 이른다. ㉠ 그 후 음속은 점차 다시 증가한다. 수온약층은 위도나 계절 등에 따라 달라질 수 있다. 보통 적도에서는 일 년 내내 해면에서 수심 150m까지는 수온이 거의 일정하게 유지되다가, 그 이하부터 600m까지는 수온약층이 형성된다. 중위도에서 여름철에는 수심 50m에서 120m까지 수온약층이 형성되지만, 겨울철에는 표층의 수온도 낮으므로 수온약층이 형성되지 않는다. 극지방은 표층도 깊은 수심과 마찬가지로 차갑기 때문에 일반적으로 수온약층이 거의 없다.

수온약층은 음속의 급격한 변화를 가져올 뿐만 아니라 음파를 휘게도 한다. 소리는 파동이므로 바닷물의 밀도가 변하면 다른 속도로 진행하기 때문에 굴절 현상이 일어난다. 수온약층에서는 음속의 변화가 크기 때문에 음파는 수온약층과 만나는 각도에 따라 위 혹은 아래로 굴절된다. 음파는 상대적으로 속도가 느린 층 쪽으로 굴절한다. 이런 굴절 때문에 해수면에서 음파를 보냈을 때 음파가 거의 도달하지 못하는 구역이 형성되는데 이를 음영대(Shadow Zone)라 한다.

높은 음속을 보이는 구간이 있다면 음속이 최소가 되는 구간도 있다. 음속이 최소가 되는 이 층을 음속 최소층 또는 음파통로라고 부른다. 음파통로에서는 음속이 낮은 대신 소리의 전달은 매우 효과적이다. 이 층을 탈출하려는 바깥 방향의 음파가 속도가 높은 구역으로 진행하더라도 금방 음파통로 쪽으로 굴절된다. 음파통로에서는 음파가 위로 진행하면 아래로 굴절하려 하고, 아래로 진행하는 음파는 위로 다시 굴절하려는 경향을 보인다. 즉, 음파는 속도가 느린 층 쪽으로 굴절해서 그 층에 머물려고 하는 것이다. 그리하여 이 층에서 만들어진 소리는 수천 km 떨어진 곳에서도 들린다.

해양에서의 음속 변화 특징은 오늘날 다양한 분야에 활용되고 있다. 음영대를 이용해 잠수함이 음파탐지기로부터 회피하여 숨을 장소로 이동하거나, 음파통로를 이용해 인도양에서 음파를 일으켜 대서양을 돌아 태평양으로 퍼져나가게 한 후 온난화 등의 기후 변화를 관찰하는 데 이용되기도 한다.

04 다음 중 윗글을 통해 추론한 내용으로 적절하지 않은 것은?

① 수온이 일정한 구역에서는 수심이 증가할수록 음속도 증가할 것이다.

② 심층에서 수온 변화가 거의 없는 것은 태양 에너지가 도달하지 않기 때문일 것이다.

③ 수영장 물 밖에 있을 때보다 수영장에서 잠수해 있을 때 물 밖의 소리가 더 잘 들릴 것이다.

④ 음영대의 특성을 이용하면 잠수함은 적의 음파 탐지로부터 숨을 장소를 찾을 수 있을 것이다.

⑤ 음속이 최소가 되는 층에서 발생한 소리는 멀리까지 들리므로 기후 연구 등에 이용될 것이다.

05 다음 중 밑줄 친 ㉠의 이유로 가장 적절한 것은?

① 수온약층이 계절에 따라 변화하기 때문이다.

② 압력이 증가할수록 수온이 계속 감소하기 때문이다.

③ 밀도가 다른 해수층을 만나 음파가 굴절되기 때문이다.

④ 압력 증가의 효과가 수온 감소의 효과를 능가하기 때문이다.

⑤ 수심이 깊어질수록 이에 비례하여 수압과 수온 모두 상승하기 때문이다.

06 다음 글의 빈칸에 들어갈 내용으로 적절하지 않은 것은?

〈무더울 때(폭염)는 이렇게 준비하세요〉

• 사전 준비사항
  - 단수에 대비하여 생수를 준비하고 생활용수는 욕조에 미리 받아 두세요.
  - 냉방기기 사용 시 실내외 온도 차를 5℃ 내외로 유지하여 냉방병을 예방하세요(건강 실내 냉방온도는 26 ~ 28℃가 적당).
  - 변압기를 점검하여 과부하에 사전대비하세요.
  - 창문에 커튼이나 천 등을 이용하여 집안으로 들어오는 직사광선을 최대한 차단하세요.
  - 집에서 가까운 병원의 연락처를 확인하고 본인과 가족의 열사병 등 증상을 체크하세요.

• 폭염특보 발령 시
  - 되도록이면 야외활동을 자제하세요.
  - 물을 많이 마시되 너무 달거나 카페인이 들어간 음료, 주류 등은 마시지 마세요.
  - 냉방이 되지 않는 실내의 경우 햇볕이 실내에 들어오지 않도록 하고 맞바람이 불도록 환기를 하고 선풍기를 켜세요.
  - _____

---

① 창문이 닫힌 자동차 안에 노약자나 어린이를 홀로 남겨두지 마세요.

② 외출을 할 경우 창이 넓은 모자를 착용하고, 가벼운 옷차림을 하고 물병을 꼭 휴대하세요.

③ 거동이 불편한 고령, 독거노인, 신체허약자, 환자 등은 외출을 삼가고 이들을 남겨둔 채 장시간 외출 시에는 친인척, 이웃 등에 보호를 의뢰하세요.

④ 창문과 같은 유리창 근처는 유리가 깨지면 다칠 위험이 있으므로 피하고, 유리창이 깨졌을 때는 신발이나 슬리퍼를 신어 다치지 않도록 하세요.

⑤ 열사병 초기증세가 보일 경우에는 시원한 장소로 이동하여 몇 분간 휴식을 취한 후 시원한 음료를 천천히 드세요.

07 다음 글에서 수성에 액체 상태의 핵이 존재한다는 가설을 지지하지 않는 것은?

수성은 태양계에서 가장 작은 행성으로 반지름이 2,440km이며, 밀도는 지구보다 약간 작은 5,430kg/m³이다. 태양에서 가장 가까운 행성인 수성은 금성, 지구, 화성과 더불어 지구형 행성에 속하며, 딱딱한 암석질의 지각과 맨틀 아래 무거운 철 성분의 핵이 존재할 것으로 추측되나 좀 더 정확한 정보를 알기 위해서는 탐사선을 이용한 조사가 필수적이다. 그러나 강한 태양열과 중력 때문에 접근이 어려워 현재까지 단 두 기의 탐사선만 보내졌다.

미국의 매리너 10호는 1974년 최초로 수성에 근접해 지나가면서 수성에 자기장이 있음을 감지하였다. 비록 그 세기는 지구 자기장의 1%밖에 되지 않았지만 지구형 행성 중에서 지구를 제외하고는 유일하게 자기장이 있음을 밝힌 것이었다. 지구 자기장이 전도성 액체인 외핵의 대류와 자전 효과로 생성된다는 다이나모 이론에 근거하면, 수성의 자기장은 핵의 일부가 액체 상태임을 암시한다. 그러나 수성은 크기가 작아 철로만 이루어진 핵이 액체일 가능성은 희박하다. 만약 그랬더라도 오래전에 식어서 고체화되었을 것이다. 따라서 지질학자들은 철 성분의 고체 핵을 철 – 황 – 규소 화합물로 이루어진 액체 핵이 감싸고 있다고 추측하였다. 하지만 감지된 자기장이 핵의 고체화 이후에도 암석 속에 자석처럼 남아 있는 잔류자기일 가능성도 있었다.

2004년 발사된 두 번째 탐사선 메신저는 2011년 3월 수성을 공전하는 타원 궤도에 진입한 후 중력, 자기장 및 지형 고도 등을 정밀하게 측정하였다. 중력 자료에서 얻을 수 있는 수성의 관성모멘트는 수성의 내부 구조를 들여다보는 데 중요한 열쇠가 된다. 관성모멘트란 물체가 자신의 회전을 유지하려는 정도를 나타낸다. 물체가 회전축으로부터 멀리 떨어질수록 관성모멘트가 커지는데, 이는 질량이 같을 경우 넓적한 팽이가 홀쭉한 팽이보다 오래 도는 것과 같다.

질량 M인 수성이 자전축으로부터 반지름 R만큼 떨어져 있는 한 점에 위치한 물체라고 가정한 경우의 관성모멘트는 MR이다. 수성 전체의 관성모멘트 C를 MR으로 나눈 값인 정규관성모멘트(C/MR)는 수성의 밀도 분포를 알려 준다. 행성의 전체 크기에서 핵이 차지하는 비율이 높을수록 정규관성모멘트가 커진다. 메신저에 의하면 수성의 정규관성모멘트는 0.353으로서 지구의 0.331보다 크다. 따라서 수성 핵의 반경은 전체의 80% 이상을 차지하며, 55%인 지구보다 비율이 더 높다.

행성은 공전 궤도의 이심률로 인하여 미세한 진동을 일으키는데, 이를 '경도칭동'이라 하며 그 크기는 관성모멘트가 작을수록 커진다. 이는 홀쭉한 팽이가 외부의 작은 충격에도 넓적한 팽이보다 크게 흔들리는 것과 같다. 조석 고정 현상으로 지구에서는 달의 한쪽 면만 관찰할 수 있는 것으로 보통은 알려졌으나, 실제로는 칭동 현상 때문에 달 표면의 59%를 볼 수 있다. 만약 수성이 삶은 달걀처럼 고체라면 수성 전체가 진동하겠지만, 액체 핵이 있다면 그 위에 놓인 지각과 맨틀로 이루어진 '외곽층'만이 날달걀의 껍질처럼 미끄러지면서 경도칭동을 만들어 낸다. 따라서 액체 핵이 존재할 경우 경도칭동의 크기는 수성 전체의 관성모멘트 C가 아닌 외곽층 관성모멘트 C에 반비례한다. 현재까지 알려진 수성의 경도칭동 측정값은 외곽층의 값 C를 관성모멘트로 사용한 이론값과 일치하고 있어, 액체 핵의 존재 가설을 강력히 뒷받침하고 있다.

① 자기장의 존재

② 전도성 핵의 존재

③ 철 – 황 – 규소층의 존재

④ 암석 속 잔류자기의 존재 가능성

⑤ 현재 알려진 경도칭동의 측정값

08 다음 글의 주장에 대한 비판으로 가장 적절한 것은?

전통적인 경제학에 따른 통화 정책에서는 정책 금리를 활용하여 물가를 안정시키고 경제 안정을 도모하는 것을 목표로 한다. 중앙은행은 경기가 과열되었을 때 정책 금리 인상을 통해 경기를 진정시키고자 한다. 정책 금리 인상으로 시장 금리도 높아지면 가계 및 기업에 대한 대출 감소로 신용 공급이 축소된다. 신용 공급의 축소는 경제 내 수요를 줄여 물가를 안정시키고 경기를 진정시킨다. 반면 경기가 침체되었을 때는 반대의 과정을 통해 경기를 부양시키고자 한다.

금융을 통화 정책의 전달 경로로만 보는 전통적인 경제학에서는 금융감독 정책이 개별 금융 회사의 건전성 확보를 통해 금융 안정을 달성하고자 하는 미시 건전성 정책에 집중해야 한다고 보았다. 이러한 관점은 금융이 직접적인 생산 수단이 아니므로 단기적일 때와는 달리 장기적으로는 경제 성장에 영향을 미치지 못한다는 인식과 자산 시장에서는 가격이 본질적 가치를 초과하여 폭등하는 버블이 존재하지 않는다는 효율적 시장 가설에 기인한다. 미시 건전성 정책은 개별 금융 회사의 건전성에 대한 예방적 규제 성격을 가진 정책 수단을 활용하는데, 그 예로는 향후 손실에 대비하여 금융 회사의 자기자본 하한을 설정하는 최저 자기자본 규제를 들 수 있다.

① 중앙은행의 정책이 자산 가격 버블에 따른 금융 불안을 야기하여 경제 안정이 훼손될 수 있다.
② 시장의 물가가 지나치게 상승할 경우 국가는 적극적으로 개입하여 물가를 안정시켜야 한다.
③ 경기가 침체된 상황에서는 처방적 규제보다 예방적 규제에 힘써야 한다.
④ 금융은 단기적일 때와 달리 장기적으로는 경제 성장에 별다른 영향을 미치지 못한다.
⑤ 금융 회사에 대한 최저 자기자본 규제를 통해 금융 회사의 건전성을 확보할 수 있다.

09 다음 중 빈칸에 들어갈 내용으로 가장 적절한 것은?

최근 미국 국립보건원은 벤젠 노출과 혈액암 사이에 연관이 있다고 보고했다. 직업안전보건국은 작업장에서 공기 중 벤젠 노출 농도가 1ppm을 넘지 말아야 한다는 한시적 긴급 기준을 발표했다. 당시 법규에 따른 기준은 10ppm이었는데, 직업안전보건국은 이 엄격한 새 기준이 영구적으로 정착되길 바랐다. 그런데 벤젠 노출 농도가 10ppm 이상인 작업장에서 인명피해가 보고된 적은 있지만, 그보다 낮은 노출 농도에서 인명피해가 있었다는 검증된 데이터는 없었다. 그럼에도 불구하고 직업안전보건국은 벤젠이 발암물질이라는 이유를 들어, 당시 통용되는 기기로 쉽게 측정할 수 있는 최소치인 1ppm을 기준으로 삼아야 한다고 주장했다. 직업안전보건국은 직업안전보건법의 구체적 실행에 관여하는 핵심 기관인데, 이 법은 '직장생활을 하는 동안 위험물질에 업무상 주기적으로 노출되더라도 그로 인해 어떤 피고용인도 육체적 손상이나 작업 능력의 손상을 입어서는 안 된다.'고 규정하고 있다.

이후 대법원은 직업안전보건국이 제시한 1ppm의 기준이 지나치게 엄격하다고 판결하였다. 대법원은 '직업안전보건법이 비용 등 다른 조건은 무시한 채 전혀 위험이 없는 작업장을 만들기 위한 표준을 채택하도록 직업안전보건국에게 무제한의 재량권을 준 것은 아니다.'라고 밝혔다. _____

직업안전보건국은 과학적 불확실성에도 불구하고 사람의 생명이 위험에 처할 수 있는 경우에는 더욱 엄격한 기준을 시행하는 것이 옳다면서, 자신들에게 책임을 전가하는 것에 반대했다. 직업안전보건국은 노동자를 생명의 위협이 될 수 있는 화학 물질에 노출시키는 사람들이 그 안전성을 입증해야 한다고 보았다.

① 여러 가지 과학적 불확실성으로 인해 직업안전보건국의 기준이 합당하다는 것을 대법원이 입증할 수 없으므로 이를 수용할 수 없다는 것이다.

② 대법원은 벤젠의 노출 수준이 1ppm을 초과할 경우 노동자의 건강에 실질적으로 위험하다는 것을 직업안전보건국이 입증해야 한다고 주장했다.

③ 대법원은 재량권의 범위가 클수록 그만큼 더 신중하게 사용해야 한다는 점을 환기시키면서 10ppm 수준의 벤젠 농도가 노동자의 건강에 정확히 어떤 손상을 가져오는지를 직업안전보건국이 입증해야 한다고 주장했다.

④ 직업안전보건국은 발암물질이 함유된 공기가 있는 작업장들 가운데서 전혀 위험이 없는 환경과 미미한 위험이 있는 환경을 구별해야 한다고 주장했는데, 대법원은 이것이 무익하고 무책임한 일이라고 지적했다.

⑤ 국립보건원의 최근 보고를 바탕으로 직업안전보건국은 벤젠이 인체에 미치는 위해 범위가 엄밀한 의미에서 과학적으로 불확실하다는 점을 강조하면서, 자신들이 비용에 대한 고려를 간과하고 있다는 대법원의 언급은 근거 없는 비방이라고 맞섰다.

10 다음 중 〈보기〉의 문장이 들어갈 위치로 가장 적절한 곳은?

(가) 다시 말해서 현상학적 측면에서 볼 때 철학도 지식의 내용이 존재하는 어떤 것이라는 점에서는 과학적 지식의 구조와 다를 바가 없다. 존재하는 것과 그 존재하는 무엇으로 의식되는 것과의 사이에는 근본적인 구별이 선다. 백두산의 금덩어리는 누가 그것을 의식하든 말든 그대로 있고, 화성에서 일어나는 여러 가지 물리적 현상도 누가 의식하든 말든 그대로 존재한다. 존재와 의식과의 위와 같은 관계를 우리는 존재차원과 의미차원이란 말로 구별할 수 있을 것이다. 여기서 차원이란 말을 붙인 까닭은 의식 이전의 백두산과 의식 이후의 백두산은 순전히 관점의 문제, 즉 백두산을 생각할 수 있는 차원의 문제이기 때문이다. 현상학적 사고를 존재차원에서 이루어지는 것이라고 말할 수 있다면 분석철학에서 주장하는 사고는 의미차원에서 이루어진다. 바꿔 말하자면 현상학적 측면에서 볼 때 철학은 아무래도 어떤 존재를 인식하는 데 그 근본적인 기능이 있다고 보아야 하는 데 반해서, 분석철학의 측면에서 볼 때 철학은 존재와는 아무런 직접적인 관계가 없이 존재에 대한 이야기, 서술을 대상으로 한다. 구체적으로 말해서 철학은 그것이 서술할 존재의 대상을 갖고 있지 않고, 오직 어떤 존재를 서술한 언어만을 갖고 있다. 그러나 철학이 언어를 사고의 대상으로 삼는다고 말은 하지만, 사실상 철학은 언어학과 다르다. (나) 그래서 언어학은 한 언어의 기원이라든지, 한 언어가 왜 그러한 특정한 기호, 발음 혹은 문법을 갖게 되었는가, 또는 그것들이 각기 어떻게 체계화되는가 등을 알려고 한다. (다) 이에 반해서 분석철학은 언어를 대상으로 하되, 그 언어의 구체적인 면에는 근본적인 관심을 두지 않고 그와 같은 구체적인 언어가 가진 의미를 밝히고자 한다. 여기서 철학의 기능은 한 언어가 가진 개념을 해명하고 이해하는 데 있다. 바꿔 말해서, 철학의 기능은 언어가 서술하는 어떤 존재를 인식하는 데 있지 않고, 그와는 관계없이 한 언어가 무엇인가를 서술하는 경우, 무엇인가의 느낌을 표현하는 경우 또는 그 밖의 경우에 그 언어가 정확히 어떻게 의미가 있는가를 이해하는 데 있다. (라) 개념은 어떤 존재하는 대상을 표상(表象)하는 경우도 많으므로 존재와 그것을 의미하는 개념과는 언뜻 보아서 어떤 인과적 관계가 있는 듯하다. (마)

─────────〈보기〉─────────
㉠ 과학에서 말하는 현상과 현상학에서 말하는 현상은 다른 내용을 가지고 있지만, 그것들은 다 같이 어떤 존재, 즉 우주 안에서 일어나는 사건을 가리킨다.
㉡ 언어학은 과학의 한 분야로서 그 연구의 대상을 하나의 구체적 사물로 취급한다.

	㉠	㉡			㉠	㉡
①	(가)	(나)		②	(가)	(다)
③	(나)	(다)		④	(나)	(라)
⑤	(다)	(마)				

11 다음은 K공사에서 서울 및 수도권 지역의 가구를 대상으로 난방방식 및 난방연료 사용현황을 조사한 자료이다. 이에 대한 설명으로 옳은 것은?

〈난방방식 현황〉

(단위 : %)

종류	서울	인천	경기남부	경기북부	전국 평균
중앙난방	22.3	13.5	6.3	11.8	14.4
개별난방	64.3	78.7	26.2	60.8	58.2
지역난방	13.4	7.8	67.5	27.4	27.4

〈난방연료 사용현황〉

(단위 : %)

종류	서울	인천	경기남부	경기북부	전국 평균
도시가스	84.5	91.8	33.5	66.1	69.5
LPG	0.1	0.1	0.4	3.2	1.4
등유	2.4	0.4	0.8	3.0	2.2
열병합	12.6	7.4	64.3	27.1	26.6
기타	0.4	0.3	1.0	0.6	0.3

① 경기북부지역의 경우 도시가스를 사용하는 가구 수가 등유를 사용하는 가구 수의 30배 이상이다.

② 서울과 인천지역에서는 등유를 사용하는 비율이 가장 낮다.

③ 지역난방을 사용하는 가구 수는 서울이 인천의 약 1.7배이다.

④ 경기지역은 남부가 북부보다 지역난방을 사용하는 비율이 낮다.

⑤ 경기남부의 가구 수가 경기북부의 가구 수의 2배라면, 경기지역에서 개별난방을 사용하는 가구 수의 비율은 약 37.7%이다.

12 다음은 갑~무 도시에 위치한 두 브랜드(해피카페, 드림카페)의 커피전문점 분포에 대한 자료이다. 〈보기〉 중 이에 대한 설명으로 옳은 것을 모두 고르면?

〈갑~무 도시별 커피전문점 분포〉

(단위 : 개)

브랜드	구분	갑	을	병	정	무	평균
해피카페	점포 수	7	4	2	( )	4	4
	편차	3	0	2	1	0	( )
드림카페	점포 수	( )	5	( )	5	2	4
	편차	2	1	2	1	2	1.6

※ 편차는 해당 브랜드 점포 수 평균에서 각 도시의 해당 브랜드 점포 수를 뺀 값의 절댓값임

──────〈보기〉──────

ㄱ. 해피카페 편차의 평균은 드림카페 편차의 평균보다 크다.
ㄴ. 갑 도시의 드림카페 점포 수와 병 도시의 드림카페 점포 수는 다르다.
ㄷ. 정 도시는 해피카페 점포 수가 드림카페 점포 수보다 적다.
ㄹ. 무 도시에 있는 해피카페 중 1개 점포가 병 도시로 브랜드의 변경 없이 이전할 경우, 해피카페 편차의 평균은 변하지 않는다.

① ㄱ, ㄷ
② ㄴ, ㄷ
③ ㄷ, ㄹ
④ ㄱ, ㄴ, ㄹ
⑤ ㄴ, ㄷ, ㄹ

13 다음은 2024년 K시 5개 구 주민의 돼지고기 소비량에 대한 자료이다. 〈조건〉을 토대로 할 때 변동계수가 세 번째로 큰 구는?

〈5개 구 주민의 돼지고기 소비량 통계〉

(단위 : kg)

구분	평균(1인당 소비량)	표준편차
A구	( )	5.0
B구	( )	4.0
C구	30.0	6.0
D구	12.0	4.0
E구	( )	8.0

※ (변동계수)$=\dfrac{(표준편차)}{(평균)}\times100$

〈조건〉
- A구의 1인당 소비량과 B구의 1인당 소비량을 합하면 C구의 1인당 소비량과 같다.
- A구의 1인당 소비량과 D구의 1인당 소비량을 합하면 E구 1인당 소비량의 2배와 같다.
- E구의 1인당 소비량은 B구의 1인당 소비량보다 6.0kg 더 많다.

① A구   ② B구
③ C구   ④ D구
⑤ E구

14 다음은 지역별 컴퓨터 업체의 컴퓨터 종류별 보유 비율에 대한 자료이다. 이에 대한 설명으로 옳지 않은 것은?(단, 대수는 소수점 첫째 자리에서, 비율은 소수점 둘째 자리에서 반올림한다)

〈컴퓨터 종류별 보유 비율〉

(단위 : %)

구분		전체 컴퓨터 대수(대)	데스크톱	노트북	태블릿 PC	PDA	스마트폰	기타
지역별	서울	605,296	54.5	22.4	3.7	3.2	10.0	6.2
	부산	154,105	52.3	23.7	3.8	1.7	5.2	13.3
	대구	138,753	56.2	26.4	3.0	5.1	5.2	4.1
	인천	124,848	62.3	21.6	1.0	1.0	12.1	2.0
	광주	91,720	75.2	16.1	2.5	0.6	5.6	–
	대전	68,270	66.2	20.4	0.8	1.0	4.5	7.1
	울산	42,788	67.5	20.5	0.6	–	3.8	7.6
	세종	3,430	91.5	7.0	1.3	–	–	0.2
	경기	559,683	53.7	27.2	3.3	1.1	10.0	4.7
	강원	97,164	59.2	12.3	4.0	0.5	18.9	5.1
	충북	90,774	71.2	16.3	0.7	1.9	5.9	4.0
	충남	107,066	75.8	13.7	1.4	0.4	0.7	8.0
	전북	88,019	74.2	12.2	1.1	0.3	11.2	1.0
	전남	91,270	76.2	12.7	0.6	1.5	9.0	–
	경북	144,644	45.1	6.9	2.1	3.0	14.5	28.4
	경남	150,997	69.7	18.5	1.5	0.2	0.4	9.7
	제주	38,964	53.5	13.0	3.6	–	12.9	17.0
전국		2,597,791	59.4	20.5	2.7	1.7	8.7	7.0

① 서울 업체가 보유한 노트북 수는 20만 대 미만이다.

② 전국 컴퓨터 보유 대수 중 스마트폰의 비율은 전국 컴퓨터 보유 대수 중 노트북 비율의 30% 미만이다.

③ 대전과 울산 업체가 보유하고 있는 데스크톱 보유 대수는 전국 데스크톱 보유 대수의 6% 미만이다.

④ PDA 보유 대수는 전북이 전남의 15% 이상이다.

⑤ 강원 업체의 태블릿 PC 보유 대수보다 경북의 노트북 보유 대수가 6천 대 이상 많다.

※ 다음은 현 직장 만족도에 대하여 조사한 자료이다. 이어지는 질문에 답하시오. [15~16]

<현 직장 만족도>

만족분야별	직장유형별	2022년	2023년
전반적 만족도	기업	6.9	6.3
	공공연구기관	6.7	6.5
	대학	7.6	7.2
임금과 수입	기업	4.9	5.1
	공공연구기관	4.5	4.8
	대학	4.9	4.8
근무시간	기업	6.5	6.1
	공공연구기관	7.1	6.2
	대학	7.3	6.2
사내 분위기	기업	6.3	6.0
	공공연구기관	5.8	5.8
	대학	6.7	6.2

15 2022년 3개 기관의 전반적 만족도의 합은 2023년 3개 기관의 임금과 수입 만족도의 합의 몇 배인가?(단, 소수점 둘째 자리에서 반올림한다)

① 1.4배
② 1.6배
③ 1.8배
④ 2.0배
⑤ 2.2배

16 다음 중 자료에 대한 설명으로 옳지 않은 것은?(단, 비율은 소수점 둘째 자리에서 반올림한다)

① 현 직장에 대한 전반적 만족도는 대학 유형에서 가장 높다.
② 2023년 근무시간 만족도에서는 공공연구기관과 대학의 만족도가 동일하다.
③ 전년 대비 2023년에 모든 유형의 직장에서 임금과 수입의 만족도는 증가했다.
④ 사내분위기 측면에서 2022년과 2023년 공공연구기관의 만족도는 동일하다.
⑤ 전년 대비 2023년 근무시간에 대한 만족도의 감소율은 대학 유형이 가장 크다.

17 초콜릿 한 상자를 만드는 데 명훈이는 30시간, 우진이는 20시간이 걸린다. 명훈이가 3시간, 우진이가 5시간 동안 만든 후, 둘이서 같이 한 상자를 완성하려고 한다. 두 사람이 같이 초콜릿을 만드는 시간은 얼마인가?

① $\dfrac{37}{5}$ 시간

② $\dfrac{39}{5}$ 시간

③ 8시간

④ $\dfrac{42}{5}$ 시간

⑤ $\dfrac{44}{5}$ 시간

18 K회사의 해외사업부, 온라인 영업부, 영업지원부에서 각각 2명, 2명, 3명이 대표로 회의에 참석하기로 하였다. 원탁 테이블에 같은 부서 사람이 옆자리에 함께 앉는다고 할 때, 7명이 앉을 수 있는 방법은 몇 가지인가?

① 48가지

② 36가지

③ 27가지

④ 24가지

⑤ 16가지

※ 다음은 1년 동안 휴일 여가시간에 대해 설문조사를 한 자료이다. 이어지는 질문에 답하시오. **[19~20]**

〈휴일 여가시간에 대한 평가〉

(단위 : %)

구분		매우부족	부족	약간부족	보통	약간충분	충분	매우충분
전체	소계	0.6	2.3	11.0	27.5	32.1	19.6	6.9
성별	남성	0.4	2.2	11.2	28.1	32.2	19.3	6.6
	여성	0.8	2.5	10.8	26.9	32.1	19.7	7.2
연령	15 ~ 19세	1.4	5.3	17.2	25.0	31.6	15.5	4.0
	20대	0.4	2.0	9.7	24.8	37.1	19.6	6.4
	30대	0.7	4.0	15.5	29.9	30.8	15.3	3.8
	40대	1.2	2.4	14.2	30.0	30.2	17.5	4.5
	50대	0.2	2.2	9.7	30.6	32.8	19.3	5.2
	60대	0.3	0.9	8.0	25.8	31.8	23.6	9.6
	70대 이상	0	0.6	3.2	21.4	29.9	27.0	17.9
혼인상태	미혼	0.6	2.6	11.6	25.3	35.3	18.3	6.3
	기혼	0.7	2.5	11.5	29.1	31.1	19.2	5.9
	기타	0.1	0.8	5.7	22.5	29.5	25.1	16.3
지역규모	대도시	0.6	1.8	9.7	28.9	31.6	19.4	8.0
	중소도시	0.6	3.1	12.3	25.6	33.5	19.3	5.6
	읍면지역	0.7	2.3	11.4	28.1	30.4	20.0	7.1

〈휴일 여가시간에 대한 점수〉

(단위 : 명, 점)

구분		조사인원	평균
전체	소계	10,498	4.75
성별	남성	( )	4.74
	여성	5,235	4.75
연령	10대(15 ~ 19세)	696	4.43
	20대	1,458	4.81
	30대	1,560	4.47
	40대	1,998	4.56
	50대	2,007	4.72
	60대	1,422	4.97
	70대 이상	1,357	5.33
혼인상태	미혼	2,925	4.72
	기혼	6,121	4.69
	기타	1,452	5.21

	대도시	4,418	4.79
지역규모	중소도시	3,524	4.69
	읍면지역	2,556	4.74

19 다음 중 자료에 대한 〈보기〉의 설명으로 옳은 것을 모두 고르면?

―――――〈보기〉―――――

ㄱ. 전체 연령에서 휴일 여가시간에 대한 점수가 높은 순서로 나열하면 '70대 이상 – 60대 – 20대 – 50대 – 40대 – 30대 – 10대'이다.

ㄴ. 설문조사에서 전체 남성 중 '약간충분 ~ 매우충분'을 선택한 인원은 3천 명 이상이다.

ㄷ. 미혼과 기혼의 평균점수는 기타에 해당하는 평균점수보다 낮고, '약간부족'을 선택한 비율도 낮다.

ㄹ. 대도시에서 '약간부족'을 선택한 인원은 중소도시와 읍면지역에서 '부족'을 선택한 인원의 2배 이하이다.

① ㄱ, ㄴ
② ㄱ, ㄴ, ㄷ
③ ㄱ, ㄴ, ㄹ
④ ㄴ, ㄷ, ㄹ
⑤ ㄱ, ㄴ, ㄷ, ㄹ

20 다음 중 각 연령대에서 '매우충분'을 선택한 인원이 가장 적은 순서대로 바르게 나열한 것은?(단, 소수점 첫째 자리에서 버림한다)

① 10대 – 20대 – 40대 – 30대 – 50대 – 60대 – 70대 이상
② 10대 – 30대 – 40대 – 20대 – 50대 – 60대 – 70대 이상
③ 10대 – 30대 – 40대 – 20대 – 60대 – 50대 – 70대 이상
④ 20대 – 30대 – 60대 – 10대 – 40대 – 50대 – 70대 이상
⑤ 20대 – 40대 – 60대 – 30대 – 10대 – 50대 – 70대 이상

21 신입사원인 수호, 민석, 경수는 임의의 순서로 검은색 · 갈색 · 흰색 책상에 이웃하여 앉아 있고, 커피 · 주스 · 콜라 중 한 가지씩을 좋아한다. 또한 기획 · 편집 · 디자인의 서로 다른 업무를 하고 있다. 알려진 정보가 〈조건〉과 같을 때, 반드시 참인 것을 〈보기〉에서 모두 고르면?

---〈조건〉---

- 경수는 갈색 책상에 앉아 있다.
- 검은색 책상에 앉은 사람은 편집 업무를 담당한다.
- 기획 담당과 디자인 담당은 서로 이웃해 있지 않다.
- 디자인을 하는 사람은 커피를 좋아한다.
- 수호는 편집 담당과 이웃해 있다.
- 수호는 주스를 좋아한다.

---〈보기〉---

ㄱ. 경수는 커피를 좋아한다.
ㄴ. 민석이와 경수는 이웃해 있다.
ㄷ. 수호는 편집을 하지 않고, 민석이는 콜라를 좋아하지 않는다.
ㄹ. 민석이는 흰색 책상에 앉아 있다.
ㅁ. 수호는 기획 담당이다.

① ㄱ, ㄴ
② ㄴ, ㄷ
③ ㄷ, ㄹ
④ ㄱ, ㄴ, ㅁ
⑤ ㄱ, ㄷ, ㅁ

22 다음 〈조건〉을 바탕으로 팀장의 나이를 바르게 추론한 것은?

---〈조건〉---

- 팀장의 나이는 과장보다 4살이 많다.
- 대리의 나이는 31세이다.
- 사원은 대리보다 6살 어리다.
- 팀장과 과장 나이의 합은 사원과 대리의 나이 합의 2배이다.

① 56세
② 57세
③ 58세
④ 59세
⑤ 60세

23 K공사에서는 약 2개월 동안 근무할 인턴사원을 선발하고자 다음과 같은 공고를 게시하였다. 이에 지원한 A ~ E지원자 중 K공사의 인턴사원으로 가장 적합한 지원자는?

〈인턴 모집 공고〉

• 근무기간 : 약 2개월(7 ~ 8월)
• 자격 요건
 − 1개월 이상 경력자
 − 포토샵 가능자
 − 근무 시간(9 ~ 18시) 이후에도 근무가 가능한 자
• 기타사항
 − 경우에 따라서 인턴 기간이 연장될 수 있음

A지원자	• 경력 사항 : 출판사 3개월 근무 • 컴퓨터 활용 능력 中(포토샵, 워드 프로세서) • 대학 휴학 중(9월 복학 예정)
B지원자	• 경력 사항 : 없음 • 포토샵 능력 우수 • 전문대학 졸업
C지원자	• 경력 사항 : 마케팅 회사 1개월 근무 • 컴퓨터 활용 능력 上(포토샵, 워드 프로세서, 파워포인트) • 4년제 대학 졸업
D지원자	• 경력 사항 : 제약 회사 3개월 근무 • 포토샵 가능 • 저녁 근무 불가
E지원자	• 경력 사항 : 마케팅 회사 1개월 근무 • 컴퓨터 활용 능력 中(워드 프로세서, 파워포인트) • 대학 졸업

① A지원자   ② B지원자
③ C지원자   ④ D지원자
⑤ E지원자

24 해외로 출장을 가는 김대리는 다음 〈조건〉과 같이 이동하려고 계획하고 있다. 연착 없이 계획대로 출장지에 도착했다면, 도착했을 때의 현지 시각은?

─────── 〈조건〉 ───────

- 서울 시각으로 5일 오후 1시 35분에 출발하는 비행기를 타고, 경유지 한 곳을 거쳐 출장지에 도착한다.
- 경유지는 서울보다 1시간 빠르고, 출장지는 경유지보다 2시간 느리다.
- 첫 번째 비행은 3시간 45분이 소요된다.
- 경유지에서 3시간 50분을 대기하고 출발한다.
- 두 번째 비행은 9시간 25분이 소요된다.

① 오전 5시 35분 ② 오전 6시
③ 오후 5시 35분 ④ 오후 6시
⑤ 오후 7시 35분

25 K공사 총무부 직원들은 사무실을 재배치하였다. 다음 재배치 조건을 참고할 때, 이에 대한 설명으로 적절하지 않은 것은?

〈재배치 조건〉

- 같은 직급은 옆자리로 배정하지 않는다.
- 사원 옆자리와 앞자리는 비어있을 수 없다.
- 부서장은 동쪽을 바라보며 앉고 부서장의 앞자리에는 상무 또는 부장이 앉는다.
- 부서장을 제외한 직원들은 마주보고 앉는다.
- 총무부 직원은 부서장, 사원 2명(김사원, 이사원), 대리 2명(성대리, 한대리), 상무 1명(이상무), 부장 1명(최부장), 과장 2명(김과장, 박과장)이다.

〈사무실 자리 배치표〉

부서장	A	B	성대리	C	D
	E	김사원	F	이사원	G

① 부서장 앞자리에 빈자리가 있다.
② A와 D는 빈자리이다.
③ F와 G에 김과장과 박과장이 앉는다.
④ C에 최부장이 앉으면 E에는 이상무가 앉는다.
⑤ B와 C에 이상무와 박과장이 앉으면 F에는 한대리가 앉을 수 있다.

26 다음 설명에 해당하는 문제해결 방법은?

> 깊이 있는 커뮤니케이션을 통해 서로의 문제점을 이해하고 공감함으로써 창조적인 문제해결을 도모하며, 구성원의 동기가 강화되고 팀워크도 한층 강화된다는 특징을 보인다. 이 방법을 이용한 문제해결은 구성원이 자율적으로 실행하는 것으로, 예정된 결론이 도출되어 가도록 해서는 안 된다.

① 소프트 어프로치　　　　　　　② 명목집단법
③ 하드 어프로치　　　　　　　　④ 델파이법
⑤ 퍼실리테이션

27 물품 보관함에는 자물쇠로 잠긴 채 오랫동안 방치되고 있는 보관함 네 개가 있다. 휴게소 관리 직원인 L씨는 방치 중인 보관함을 정리하기 위해 사무실에서 보유하고 있는 1 ~ 6번까지의 열쇠로 네 개의 자물쇠를 모두 열어 보았다. 〈조건〉이 다음과 같을 때, 항상 참인 것은?(단, 하나의 자물쇠는 정해진 하나의 열쇠로만 열린다)

─────〈조건〉─────
• 첫 번째 자물쇠는 1번 또는 2번 열쇠로 열렸다.
• 두 번째 자물쇠와 네 번째 자물쇠는 3번 열쇠로 열리지 않았다.
• 6번 열쇠로는 어떤 자물쇠도 열지 못했다.
• 두 번째 또는 세 번째 자물쇠는 4번 열쇠로 열렸다.
• 세 번째 자물쇠는 4번 또는 5번 열쇠로 열렸다.

① 첫 번째 자물쇠는 반드시 1번 열쇠로 열린다.
② 두 번째 자물쇠가 2번 열쇠로 열리면, 세 번째 자물쇠는 5번 열쇠로 열린다.
③ 세 번째 자물쇠가 5번 열쇠로 열리면, 네 번째 자물쇠는 2번 열쇠로 열린다.
④ 네 번째 자물쇠가 5번 열쇠로 열리면, 두 번째 자물쇠는 2번 열쇠로 열린다.
⑤ 3번 열쇠로는 어떤 자물쇠도 열지 못한다.

28 다음은 부서별 핵심역량 중요도와 신입사원들의 핵심역량 평가결과이다. 자료를 참고할 때, C사원과 E사원의 부서배치로 가장 적절한 것은?(단, '-'는 중요도가 상관없다는 표시이다)

〈핵심역량 중요도〉

구분	창의성	혁신성	친화력	책임감	윤리성
영업팀	–	중	상	중	–
개발팀	상	상	하	중	상
지원팀	–	중	–	상	하

〈핵심역량 평가결과〉

구분	창의성	혁신성	친화력	책임감	윤리성
A사원	상	하	중	상	상
B사원	중	중	하	중	상
C사원	하	상	상	중	하
D사원	하	하	상	하	중
E사원	상	중	중	상	하

	C사원	E사원		C사원	E사원
①	개발팀	지원팀	②	영업팀	지원팀
③	영업팀	개발팀	④	지원팀	개발팀
⑤	지원팀	영업팀			

29 A ~ D사원이 성과급을 다음과 같이 나눠 가졌을 때, 총성과급은?

- A는 총성과급의 3분의 1에 20만 원을 더 받았다.
- B는 그 나머지 성과급의 2분의 1에 10만 원을 더 받았다.
- C는 그 나머지 성과급의 3분의 1에 60만 원을 더 받았다.
- D는 그 나머지 성과급의 2분의 1에 70만 원을 더 받았다.

---

① 840만 원
② 900만 원
③ 960만 원
④ 1,020만 원
⑤ 1,080만 원

30 다음은 자동차 외판원인 A ~ F의 판매실적에 대한 정보이다. 이를 참고할 때, 옳은 것은?

- A는 B보다 실적이 높다.
- C는 D보다 실적이 낮다.
- E는 F보다 실적이 낮지만, A보다는 높다.
- B는 D보다 실적이 높지만, E보다는 낮다.

---

① B의 실적보다 낮은 외판원은 3명이다.
② C의 실적은 꼴찌가 아니다.
③ 실적이 가장 높은 외판원은 F이다.
④ E의 실적이 가장 높다.
⑤ A의 실적이 C의 실적보다 적다.

※ K공사에서는 새로운 직원을 채용하기 위해 채용시험을 실시하고자 한다. 다음은 K공사에서 채용시험을 실시할 때 필요한 〈조건〉과 채용시험장 후보 대상에 대한 정보이다. 이어지는 질문에 답하시오. **[31~32]**

─〈조건〉─
- 신입직 지원자는 400명이고, 경력직 지원자는 80명이다(단, 지원자 모두 시험에 응시한다).
- 시험은 방송으로 진행되므로 스피커가 있어야 한다.
- 시험 안내를 위해 칠판이나 화이트보드가 있어야 한다.
- 신입직의 경우 3시간, 경력직의 경우 2시간 동안 시험이 진행된다.
- 비교적 비용이 저렴한 시설을 선호한다.

〈채용시험장 후보 대상〉

구분	A중학교	B고등학교	C대학교	D중학교	E고등학교
수용 가능 인원	380명	630명	500명	460명	500명
시간당 대여료	300만 원	450만 원	700만 원	630만 원	620만 원
시설	스피커, 화이트보드	스피커, 칠판	칠판, 스피커	화이트보드, 스피커	칠판
대여 가능 시간	토 ~ 일요일 10 ~ 13시	일요일 09 ~ 12시	토 ~ 일요일 14 ~ 17시	토요일 14 ~ 17시	토 ~ 일요일 09 ~ 12시 13 ~ 15시

31 K공사가 신입직 채용시험을 토요일에 실시한다고 할 때, 다음 중 채용시험 장소로 가장 적절한 곳은?

① A중학교
② B고등학교
③ C대학교
④ D중학교
⑤ E고등학교

32 K공사는 채용 일정이 변경됨에 따라 신입직과 경력직의 채용시험을 동시에 동일한 장소에서 실시하려고 한다. 다음 중 채용시험 장소로 가장 적절한 것은?(단, 채용시험일은 토요일이나 일요일로 한다)

① A중학교
② B고등학교
③ C대학교
④ D중학교
⑤ E고등학교

33 K공사 해외사업부는 7월 중에 2박 3일로 워크숍을 떠나려고 한다. 사우들의 단합을 위해 일정은 주로 야외 활동으로 잡았다. 다음 7월 미세먼지 예보와 〈조건〉을 고려했을 때, 워크숍 일정으로 가장 적절한 날짜는?

〈미세먼지 등급〉

구간	좋음	보통	약간 나쁨	나쁨	매우 나쁨	
예측농도 ($\mu g/m^3 \cdot$일)	$0 \sim 30$	$31 \sim 80$	$81 \sim 120$	$121 \sim 200$	$201 \sim 300$	$301 \sim$

〈7월 미세먼지 예보〉

일요일	월요일	화요일	수요일	목요일	금요일	토요일
	1 $204\mu g/m^3$	2 $125\mu g/m^3$	3 $123\mu g/m^3$	4 $25\mu g/m^3$	5 $132\mu g/m^3$	6 $70\mu g/m^3$
7 $10\mu g/m^3$	8 $115\mu g/m^3$	9 $30\mu g/m^3$	10 $200\mu g/m^3$	11 $116\mu g/m^3$	12 $121\mu g/m^3$	13 $62\mu g/m^3$
14 $56\mu g/m^3$	15 $150\mu g/m^3$	16 $140\mu g/m^3$	17 $135\mu g/m^3$	18 $122\mu g/m^3$	19 $98\mu g/m^3$	20 $205\mu g/m^3$
21 $77\mu g/m^3$	22 $17\mu g/m^3$	23 $174\mu g/m^3$	24 $155\mu g/m^3$	25 $110\mu g/m^3$	26 $80\mu g/m^3$	27 $181\mu g/m^3$
28 $125\mu g/m^3$	29 $70\mu g/m^3$	30 $85\mu g/m^3$	31 $125\mu g/m^3$			

〈조건〉

- 첫째 날과 둘째 날은 예측농도가 '좋음 ~ 약간 나쁨' 사이여야 한다.
- 워크숍 일정은 평일로 하되 불가피할 시 토요일을 워크숍 마지막 날로 정할 수 있다.
- 매달 둘째 · 넷째 주 수요일은 기획회의가 있다.
- 셋째 주 금요일 저녁에는 우수성과팀 시상식이 있다.
- 5월 29 ~ 31일은 중국 현지에서 열리는 컨퍼런스에 참여한다.

① 1 ~ 3일   ② 8 ~ 10일
③ 17 ~ 19일   ④ 25 ~ 27일
⑤ 29 ~ 31일

※ K공사는 고령 임직원을 위한 스마트뱅킹 교육을 실시하려고 한다. 다음 자료를 참고하여 이어지는 질문에 답하시오. [34~35]

<고령 임직원을 위한 스마트뱅킹 교육>

• 참가인원 : 직원 50명, 임원 15명
• 교육일시 : 2025년 3월 28일 오전 9 ~ 11시
• 필요장비 : 컴퓨터, 빔 프로젝터, 마이크
• 특이사항
  - 교육 종료 후 다과회가 있으므로 별도 회의실이 필요하다.
  - 교육 장소는 조건을 충족하는 장소 중에서 가장 저렴한 장소로 선택한다.

<센터별 대여료 및 세부사항>

구분	대여료	보유 장비	수용인원	사용가능 시간	비고
A센터	400,000원	컴퓨터, 빔 프로젝터, 마이크	50명	3시간	회의실 보유
B센터	420,000원	컴퓨터, 빔 프로젝터, 마이크	65명	4시간	회의실 보유
C센터	350,000원	컴퓨터, 마이크	45명	3시간	-
D센터	500,000원	마이크, 빔 프로젝터	75명	1시간	회의실 보유
E센터	400,000원	빔 프로젝터, 마이크, 컴퓨터	70명	2시간	-

34 다음 중 고령 임직원을 위한 스마트뱅킹 교육 계획에 맞는 장소로 가장 적절한 곳은?

① A센터
② B센터
③ C센터
④ D센터
⑤ E센터

35 교육의 참여자가 30명으로 변경되었을 때, 다음 중 선택할 교육 장소로 가장 적절한 곳은?

① A센터
② B센터
③ C센터
④ D센터
⑤ E센터

※ K공사는 1년에 15일의 연차를 제공하고, 한 달에 3일까지 연차를 쓸 수 있다. A ~ E사원의 연차 사용 내역을 보고 이어지는 질문에 답하시오. [36~37]

<table>
<tr><td colspan="4" align="center">〈A ~ E사원의 연차 사용 내역(1 ~ 9월)〉</td></tr>
<tr><td align="center">1 ~ 2월</td><td align="center">3 ~ 4월</td><td align="center">5 ~ 6월</td><td align="center">7 ~ 9월</td></tr>
<tr>
<td>• 1월 9일 : D, E사원
• 1월 18일 : C사원
• 1월 20 ~ 22일 : B사원
• 1월 25일 : D사원</td>
<td>• 3월 3 ~ 4일 : A사원
• 3월 10 ~ 12일 : B, D사원
• 3월 23일 : C사원
• 3월 25 ~ 26일 : E사원</td>
<td>• 5월 6 ~ 8일 : E사원
• 5월 12 ~ 14일 : B, C사원
• 5월 18 ~ 20일 : A사원</td>
<td>• 7월 7일 : A사원
• 7월 18 ~ 20일 : C, D사원
• 7월 25 ~ 26일 : E사원
• 9월 9일 : A, B사원
• 9월 28일 : D사원</td>
</tr>
</table>

36 다음 중 연차를 가장 적게 쓴 사원은 누구인가?

① A사원   ② B사원
③ C사원   ④ D사원
⑤ E사원

37 K공사에서는 11월을 집중 근무 기간으로 정하여 연차를 포함한 휴가를 전면 금지할 것이라고 9월 30일 발표하였다. 이런 상황에서 휴가에 대해 손해를 보지 않는 사원을 모두 고르면?

① A, C사원   ② B, C사원
③ B, D사원   ④ C, D사원
⑤ D, E사원

38 다음 교통수단별 특징을 고려할 때, 오전 9시에 회사에서 출발해 전주역까지 가장 먼저 도착하는 방법은? (단, 도보는 고려하지 않는다)

〈회사 – 서울역 간 교통 현황〉

구분	소요시간	출발 시각
A버스	24분	매시 20분, 40분
B버스	40분	매시 정각, 20분, 40분
지하철	20분	매시 30분

〈서울역 – 전주역 간 교통 현황〉

구분	소요시간	출발 시각
새마을호	3시간	매시 정각부터 5분 간격
KTX	1시간 32분	9시 정각부터 45분 간격

① A버스 – 새마을호
② B버스 – KTX
③ 지하철 – KTX
④ B버스 – 새마을호
⑤ 지하철 – 새마을호

39 다음은 K기술원 소속 인턴들의 직업선호 유형 및 책임자의 관찰 사항에 대한 자료이다. 자료를 참고할 때, 소비자들의 불만을 접수해서 처리하는 업무를 맡기기에 가장 적합한 인턴은 누구인가?

〈직업선호 유형 및 책임자의 관찰 사항〉

구분	유형	유관 직종	책임자의 관찰 사항
A인턴	RI	DB개발, 요리사, 철도기관사, 항공기 조종사, 직업군인, 운동선수, 자동차 정비원	부서 내 기기 사용에 문제가 생겼을 때 해결 방법을 잘 찾아냄
B인턴	AS	배우, 메이크업 아티스트, 레크리에이션 강사, 광고기획자, 디자이너, 미술교사, 사회복지사	자기주장이 강하고 아이디어가 참신한 경우가 종종 있었음
C인턴	CR	회계사, 세무사, 공무원, 비서, 통역가, 영양사, 사서, 물류전문가	무뚝뚝하나 잘 흥분하지 않으며, 일처리가 신속하고 정확함
D인턴	SE	사회사업가, 여행안내원, 교사, 한의사, 응급구조 요원, 스튜어디스, 헤드헌터, 국회의원	부서 내 사원들에게 인기 있으나 일처리는 조금 늦은 편임
E인턴	IA	건축설계, 게임기획, 번역, 연구원, 프로그래머, 의사, 네트워크엔지니어	분석적이나 부서 내에서 잘 융합되지 못하고, 겉도는 것처럼 보임

① A인턴
② B인턴
③ C인턴
④ D인턴
⑤ E인턴

40 S사원은 영업부에서 근무 중이다. 최근 잦은 영업활동으로 인해 자가용의 필요성을 느낀 S사원은 경제적 효율성을 따져 효율성이 가장 높은 중고차를 매입하려고 한다. 경제적 효율성이 높고 외부 손상이 없는 중고차를 매입하려고 할 때, S사원이 매입할 자동차는?(단, 효율성은 소수점 셋째 자리에서 반올림한다)

<A ~ E자동차의 연료 및 연비>

(단위 : km/L)

구분	연료	연비
A자동차	휘발유	11
B자동차	휘발유	12
C자동차	경유	14
D자동차	경유	13
E자동차	LPG	7

<연료별 가격>

(단위 : 원/L)

구분	LPG	휘발유	경유
리터당 가격	900	2,000	1,500

<A ~ E자동차의 기존 주행거리 및 상태>

(단위 : km)

구분	주행거리	상태
A자동차	51,000	손상 없음
B자동차	44,000	외부 손상
C자동차	29,000	손상 없음
D자동차	31,000	손상 없음
E자동차	33,000	내부 손상

※ (경제적 효율성)$=\left[\dfrac{(리터당\ 가격)}{(연비)\times500}+\dfrac{10,000}{(주행거리)}\right]\times100$

① A자동차　　　　　　　　　　② B자동차

③ C자동차　　　　　　　　　　④ D자동차

⑤ E자동차

41 다음 워크시트에서 [틀 고정] 기능을 통해 A열과 1행을 고정하고자 할 때, 어느 셀을 클릭한 후 [틀 고정]해야 하는가?

◢	A	B	C
1	코드번호	성명	취미
2	A001	이몽룡	컴퓨터
3	A002	홍길동	축구
4	A003	성춘향	미술
5	A004	변학도	컴퓨터
6	A005	임꺽정	농구

① [A1]
② [A2]
③ [B1]
④ [B2]
⑤ [C2]

42 다음 프로그램의 실행 결과로 옳은 것은?

```c
#include <stdio.h>
void func() {
  static int num1= 0;
  int num2 = 0;
  num1++;
  num2++;
  printf("num1 : %d, num2: %d \n",num1, num2);
}

void main()
{
  int i;
  for(i=0; i<5; i++) {
    func();
  }
}
```

① num1 : 0, num2 : 0
② num1 : 1, num2 : 1
③ num1 : 1, num2 : 5
④ num1 : 5, num2 : 1
⑤ num1 : 5, num2 : 5

43 다음은 조직심리학 수업을 수강한 학생들의 성적이다. 최종점수는 중간시험과 기말시험의 평균점수에서 90%, 출석점수에서 10%가 반영된다. 최종점수를 높은 순으로 나열했을 때, 1 ~ 2등은 A, 3 ~ 5등은 B, 나머지는 C를 받는다. 최종점수, 등수, 등급을 엑셀의 함수기능을 이용하여 작성하려고 할 때, 필요가 없는 함수는?(단, 최종점수는 소수점 둘째 자리에서 반올림한다)

	A	B	C	D	E	F	G
1	이름	중간시험	기말시험	출석	최종점수	등수	등급
2	강하나	97	95	10	87.4	1	A
3	김지수	92	89	10	82.5	3	B
4	이지운	65	96	9	73.4	5	B
5	전이지	77	88	8	75.1	4	B
6	송지나	78	75	8	69.7	6	C
7	최진수	65	70	7	61.5	7	C
8	유민호	89	95	10	83.8	2	A

① IFS
② AVERAGE
③ RANK
④ ROUND
⑤ AVERAGEIFS

44 다음 [B1] 셀을 기준으로 오른쪽 그림과 같이 자동 필터를 적용하였을 때, A열에 추출되지 않는 성명은?

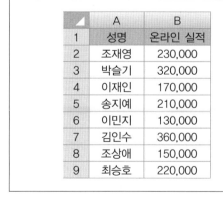

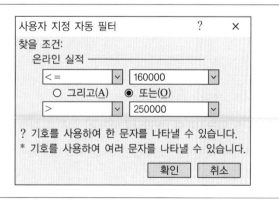

① 박슬기
② 이재인
③ 이민지
④ 김인수
⑤ 조상애

45 다음 중 스프레드 시트의 고급필터에 대한 설명으로 옳지 않은 것은?

① 고급필터는 자동필터에 비해 복잡한 조건을 사용하거나 여러 필드를 결합하여 조건을 지정할 경우에 사용한다.

② 원본 데이터와 다른 위치에 추출된 결과를 표시할 수 있으며, 조건에 맞는 특정한 필드(열)만을 추출할 수도 있다.

③ 조건을 지정하거나 특정한 필드만을 추출할 때 사용하는 필드명은 반드시 원본 데이터의 필드명과 같아야 한다.

④ AND조건은 지정한 모든 조건을 만족하는 데이터만 출력되며 조건을 모두 같은 행에 입력해야 한다.

⑤ OR조건은 지정한 조건 중 하나의 조건이라도 만족하는 경우 데이터가 출력되며 조건을 모두 같은 열에 입력해야 한다.

46 다음 중 데이터베이스 시스템의 특징으로 적절하지 않은 것은?

① 서로 다른 여러 사용자가 데이터베이스를 동시에 함께 사용할 수 있도록 한다.

② 일부 데이터가 변경되어도 관련있는 데이터가 함께 변경되도록 한다.

③ 데이터베이스의 구조가 변해도 영향을 받지 않도록 한다.

④ 허용되지 않은 사용자도 데이터 접근이 가능하도록 한다.

⑤ 데이터의 중복을 최소화한다.

47 다음 중 워크시트의 [머리글 / 바닥글] 설정에 대한 설명으로 옳지 않은 것은?

① '페이지 레이아웃' 보기 상태에서는 워크시트 페이지 위쪽이나 아래쪽을 클릭하여 머리글 / 바닥글을 추가할 수 있다.

② 첫 페이지, 홀수 페이지, 짝수 페이지의 머리글 / 바닥글 내용을 다르게 지정할 수 있다.

③ 머리글 / 바닥글에 그림을 삽입하고, 그림 서식을 지정할 수 있다.

④ '페이지 나누기 미리보기' 상태에서는 미리 정의된 머리글이나 바닥글을 선택하여 쉽게 추가할 수 있다.

⑤ 숨기기 취소 대화상자에서 숨기기 기능에 체크하면 워크시트가 숨겨진다.

48 다음 중 셀 서식 관련 바로 가기 키에 대한 설명으로 옳지 않은 것은?

① 〈Ctrl〉+〈1〉 : 셀 서식 대화상자가 표시된다.
② 〈Ctrl〉+〈2〉 : 선택한 셀에 글꼴 스타일 '굵게'가 적용되며, 다시 누르면 적용이 취소된다.
③ 〈Ctrl〉+〈3〉 : 선택한 셀에 밑줄이 적용되며, 다시 누르면 적용이 취소된다.
④ 〈Ctrl〉+〈5〉 : 선택한 셀에 취소선이 적용되며, 다시 누르면 적용이 취소된다.
⑤ 〈Ctrl〉+〈9〉 : 선택한 셀의 행이 숨겨진다.

49 다음 중 스프레드 시트의 메모에 대한 설명으로 옳지 않은 것은?

① 메모를 삭제하려면 메모가 삽입된 셀을 선택한 후 [검토] 탭 [메모]그룹의 [삭제]를 선택한다.
② [서식 지우기] 기능을 이용하여 셀의 서식을 지우면 설정된 메모도 함께 삭제된다.
③ 메모가 삽입된 셀을 이동하면 메모의 위치도 셀과 함께 변경된다.
④ 작성된 메모의 내용을 수정하려면 메모가 삽입된 셀의 바로 가기 메뉴에서 [메모편집]을 선택한다.
⑤ 삽입된 메모가 메모 표시 상태로 있다면 보이는 메모의 텍스트를 클릭하여 바로 편집할 수 있다.

50 다음 중 분산처리 시스템의 특징으로 옳지 않은 것은?

① 작업을 병렬적으로 수행함으로써 사용자에게 빠른 반응 시간과 빠른 처리시간을 제공한다.
② 사용자들이 비싼 자원을 쉽게 공유하여 사용할 수 있고, 작업의 부하를 균등하게 유지할 수 있다.
③ 작업의 부하를 분산시킴으로써 반응 시간을 항상 일관성 있게 유지할 수 있다.
④ 분산 시스템에 구성 요소를 추가하거나 삭제는 할 수 없다.
⑤ 다수의 구성 요소가 존재하므로 일부가 고장 나더라도 나머지 일부는 계속 작동 가능하기 때문에 사용 가능도가 향상된다.

4일 차
기출응용 모의고사

〈문항 및 시험시간〉

영역	문항 수	시험시간	모바일 OMR 답안채점 / 성적분석 서비스
의사소통능력＋수리능력＋문제해결능력 ＋자원관리능력＋정보능력	50문항	60분	

4일 차 기출응용 모의고사

문항 수 : 50문항
시험시간 : 60분

01 다음 글의 내용으로 가장 적절한 것은?

지진해일은 지진, 해저 화산폭발 등으로 바다에서 발생하는 파장이 긴 파도이다. 지진에 의해 바다 밑바닥이 솟아오르거나 가라앉으면 바로 위의 바닷물이 갑자기 상승 또는 하강하게 된다. 이 영향으로 지진해일파가 빠른 속도로 퍼져나가 해안가에 엄청난 위험과 피해를 일으킬 수 있다.

전 세계의 모든 해안 지역이 지진해일의 피해를 받을 수 있지만, 우리에게 피해를 주는 지진해일의 대부분은 태평양과 주변해역에서 발생한다. 이는 태평양의 규모가 거대하고 이 지역에서 대규모 지진이 많이 발생하기 때문이다. 태평양에서 발생한 지진해일은 발생 하루 만에 발생지점에서 지구의 반대편까지 이동할 수 있으며, 수심이 깊을 경우 파고가 낮고 주기가 길기 때문에 선박이나 비행기에서도 관측할 수 없다.

먼바다에서 지진해일의 파고는 해수면으로부터 수십 cm 이하이지만 얕은 바다에서는 급격하게 높아진다. 수심이 6,000m 이상인 곳에서 지진해일은 비행기의 속도와 비슷한 시속 800km로 이동할 수 있다. 지진해일은 얕은 바다에서 파고가 급격히 높아짐에 따라 그 속도가 느려지며 지진해일이 해안가의 수심이 얕은 지역에 도달할 때 그 속도는 시속 45 ~ 60km까지 느려지면서 파도가 강해진다. 이것이 해안을 강타함에 따라 파도의 에너지는 더 짧고 더 얕은 곳으로 모여 무시무시한 파괴력을 가져 우리의 생명을 위협하는 파도로 발달하게 된다. 최악의 경우, 파고가 15m 이상으로 높아지고 지진의 진앙 근처에서 발생한 지진해일의 경우 파고가 30m를 넘을 수도 있다. 파고가 3 ~ 6m 높이가 되면 많은 사상자와 피해를 일으키는 아주 파괴적인 지진해일이 될 수 있다.

지진해일의 파도 높이와 피해 정도는 에너지의 양, 지진해일의 전파 경로, 앞바다와 해안선의 모양 등으로 결정될 수 있다. 또한 암초, 항만, 하구나 해저의 모양, 해안의 경사 등 모든 것이 지진해일을 변형시키는 요인이 된다.

① 지진해일은 파장이 짧으며, 화산폭발 등으로 인해 발생한다.
② 태평양 인근에서 발생한 지진해일은 대부분 한 달에 걸쳐 지구 반대편으로 이동하게 된다.
③ 바다가 얕을수록 지진해일의 파고가 높아진다.
④ 지진해일이 해안가에 도달할수록 파도가 강해지며 속도는 800km에 달한다.
⑤ 해안의 경사는 지진해일에 아무런 영향을 주지 않는다.

02 다음 중 밑줄 친 부분과 같은 의미로 쓰인 것은?

> 지훈이는 1등 자리를 <u>지키기</u> 위해 열심히 노력했다.

① 조선 시대 사대부는 죽음으로 절개를 <u>지켰다</u>.
② 정해진 출근 시간을 <u>지킵시다</u>.
③ 군복을 입은 병사들이 국경을 <u>지키고</u> 있다.
④ 적들로부터 반드시 성을 <u>지켜야</u> 한다.
⑤ 공무원은 정치적 중립을 <u>지켜야</u> 한다.

03 다음 중 〈보기〉의 문장이 들어갈 위치로 가장 적절한 곳은?

한국의 전통문화는 근대화의 과정에서 보존되어야 하는가, 아니면 급격한 사회 변동에 따라 해체되어야 하는가? 한국 사회 변동 과정에서 외래문화는 전통문화에 흡수되어 토착화되는가, 아니면 전통문화 자체를 전혀 다른 것으로 변질시키는가? 이러한 질문에 대해서 오늘 한국 사회는 진보주의와 보수주의로 나뉘어 뜨거운 논란을 빚고 있다. (가) 그러나 전통의 유지와 변화에 대한 견해 차이는 단순하게 진보주의와 보수주의로 나뉠 성질의 것이 아니다. 한국 사회는 한 세기 이상의 근대화 과정을 거쳐 왔으며 앞으로도 광범하고 심대한 사회 구조의 변동을 가져올 것이다. (나) 이런 변동 때문에 보수주의적 성향을 가진 사람들도 전통문화의 변질을 어느 정도 수긍하지 않을 수 없고, 진보주의 성향을 가진 사람 또한 문화적 전통의 가치를 인정하지 않을 수 없다. (다) 근대화는 전통문화의 계승과 끊임없는 변화를 다 같이 필요로 하며 외래문화의 수용과 토착화를 동시에 요구하기 때문이다. (라) 근대화에 따르는 사회 구조적 변동이 문화를 결정짓기 때문에 전통문화의 변화 문제는 특수성이나 양자택일이라는 기준으로 다룰 것이 아니라 끊임없는 사회 구조의 변화라는 시각에서 바라보고 분석하는 것이 중요하다. (마)

───〈보기〉───
또한, 이 논란은 단순히 외래문화나 전통문화 중 양자택일을 해야 하는 문제도 아니다.

① (가)   ② (나)
③ (다)   ④ (라)
⑤ (마)

04 다음 글의 주제로 가장 적절한 것은?

정부는 탈원전·탈석탄 공약에 발맞춰 2030년까지 전체 국가 발전량의 20%를 신재생에너지로 채운다는 정책 목표를 수립하였다. 목표를 달성하기 위해 신재생에너지에 대한 송·변전 계획을 제8차 전력수급기본계획에 처음으로 수립하겠다는 게 정부의 방침이다.

정부는 기존의 수급계획이 수급안정과 경제성을 중점적으로 수립된 것에 반해, 8차 계획은 환경성과 안전성을 중점으로 하였다고 밝히고 있으며, 신규 발전설비는 원전, 석탄화력발전에서 친환경, 분산형 재생에너지와 LNG 발전을 우선시하는 방향으로 수요관리를 통합 합리적 목표수용 결정에 주안점을 두었다고 밝혔다. 그동안 많은 NGO 단체에서 에너지 분산에 관한 다양한 제안을 해왔지만 정부 차원에서 고려하거나 논의가 활발히 진행된 적은 거의 없었으며 명목상으로 포함하는 수준이었다. 그러나 이번 정부에서는 탈원전·탈석탄 공약을 제시하는 등 중앙집중형 에너지 생산시스템에서 분산형 에너지 생산시스템으로 정책의 방향을 전환하고자 한다. 이 기조에 발맞춰 분산형 에너지 생산시스템은 지방선거에서도 해당 지역에 대한 다양한 선거공약으로 제시될 가능성이 높다.

중앙집중형 에너지 생산시스템은 환경오염, 송전선 문제, 지역 에너지 불균형 문제 등 다양한 사회적인 문제를 야기하였다. 하지만 그동안은 값싼 전기인 기저전력을 편리하게 사용할 수 있는 환경을 조성하고자 하는 기존 에너지계획과 전력수급계획에 밀려 중앙집중형 발전원 확대가 꾸준히 진행되었다. 그러나 현재 대통령은 중앙집중형 에너지 정책에서 분산형 에너지정책으로 전환되어야 한다는 것을 대선 공약사항으로 밝혀 왔으며, 현재 분산형 에너지정책으로 전환을 모색하기 위한 다각도의 노력을 하고 있다. 이러한 정부의 정책변화와 아울러 석탄화력발전소가 국내 미세먼지에 주는 영향과 일본 후쿠시마 원자력 발전소 문제, 국내 경주 대지진 및 최근 포항 지진 문제 등으로 인한 원자력에 대한 의구심 또한 커지고 있다.

제8차 전력수급계획(안)에 의하면, 우리나라의 에너지 정책은 격변기를 맞고 있다. 우리나라는 현재 중앙집중형 에너지 생산시스템이 대부분이며, 분산형 전원 시스템은 그 설비용량이 극히 적은 상태이다. 또한, 우리나라의 발전설비는 2016년 말 105GW이며, 2014년도 최대 전력치를 보면 80GW 수준이므로, 25GW 정도의 여유가 있는 상태이다. 25GW라는 여유는 원자력발전소 약 25기 정도의 전력생산 설비가 여유가 있는 상황이라고 볼 수 있다. 또한, 제7차 전력수급기본계획의 2015 ~ 2016년 전기수요 증가율을 4.3 ~ 4.7%라고 예상하였으나, 실제 증가율은 1.3 ~ 2.8% 수준에 그쳤다는 점은 우리나라의 전력 소비량 증가량이 둔화하고 있는 상태라는 것을 나타내고 있다.

① 중앙집중형 에너지 생산시스템의 발전 과정
② 에너지 분권의 필요성과 방향
③ 전력 소비량과 에너지 공급량의 문제점
④ 중앙집중형 에너지 정책의 한계점
⑤ 전력수급기본계획의 내용과 수정 방안 모색

※ 다음 글과 가장 관련이 깊은 사자성어를 고르시오. [5~6]

05

> 정책을 결정하는 사람들이 모여 회의를 하고 있다. 이들 중 한 명은 국민 지원금으로 1인당 1억 원을 지급하여 다들 먹고 살 수 있게 하면 자영업자의 위기를 해결할 수 있다고 말하고 있고, 다른 한 명은 북한이 자꾸 도발을 하니 지금이라도 기습 공격을 하여 통일을 하면 통일 문제가 해결된다고 하였다. 가만히 듣고 있던 한 명은 일본·중국에 대한 여론이 나쁘니 두 나라와 무역 및 외교를 금지하면 좋지 않겠냐고 했다. 그랬더니 회의에 참여한 사람들이 서로 좋은 의견이라고 하면서 회의를 이어가고 있다.

① 토사구팽(兎死狗烹)　　　　　② 계명구도(鷄鳴狗盜)
③ 표리부동(表裏不同)　　　　　④ 사면초가(四面楚歌)
⑤ 탁상공론(卓上空論)

06

> 사회 초년생인 A씨는 최근 많은 뉴스에서 주식으로 돈을 벌었다는 소식을 많이 듣고 자신도 주식하면 돈을 벌 수 있다는 확신을 가졌다. 그래서 아무런 지식도 없지만 남들이 다 샀다는 주식을 산 이후 오르기만을 기다렸다. 하지만 주식가격은 점점 내려갔고, 주변에서도 그 주식은 처분해야 된다는 말을 들었지만 A씨는 오를 거라 확신하며 기다렸다. 하지만 이후에도 주가는 오르지 않고 계속 내려갔으며, A씨는 그래도 오를 거라 믿으면서 주변의 만류에도 불구하고 그 주식만 쳐다보고 있다.

① 사필귀정(事必歸正)　　　　　② 조삼모사(朝三暮四)
③ 수주대토(守株待兔)　　　　　④ 새옹지마(塞翁之馬)
⑤ 호사다마(好事多魔)

07 다음 중 밑줄 친 부분과 같은 의미로 쓰인 것은?

> 잔뜩 취한 아저씨가 비어 있는 술병을 붙잡고 노래를 부른다.

① 빈 몸으로 와도 괜찮으니 네가 꼭 와줬으면 좋겠어.
② 논리성이 없는 빈 이론은 쉽게 사라지기 마련이다.
③ 시험공부로 밤을 새웠더니 오히려 머리가 완전히 비어 버린 느낌이야.
④ 텅 빈 사무실에 혼자 앉아 생각에 잠겼다.
⑤ 얼마 전부터 자꾸 매장의 물건이 비자 사장은 CCTV를 설치했다.

08 다음 문단을 논리적 순서대로 바르게 나열한 것은?

(가) '인력이 필요해서 노동력을 불렀더니 사람이 왔더라.'라는 말이 있다. 인간을 경제적 요소로만 단순하게 생각했으나, 이에 따른 인권문제, 복지문제, 내국인과 이민자와의 갈등 등이 수반된다는 말이다. 프랑스처럼 우선 급하다고 이민자를 선별하지 않고 받으면 인종 갈등과 이민자의 빈곤화 등 많은 사회비용이 발생한다.

(나) 이제 다문화정책의 패러다임을 전환해야 한다. 한국에 들어온 다문화가족을 적극적으로 지원해야 한다. 다문화 가족과 더불어 살면서 다양성과 개방성을 바탕으로 상생의 발전을 도모해야 한다. 그리고 결혼 이민자만 다문화가족으로 볼 것이 아니라 외국인 근로자와 유학생, 북한이탈 주민까지 큰 틀에서 함께 보는 것도 필요하다.

(다) 다문화정책의 핵심은 두 가지이다. 첫째, 새로운 사회에 적응하려는 의지가 강해서 언어 배우기, 일자리, 문화 이해에 매우 적극적인 태도를 지닌 좋은 인력을 선별해서 입국하도록 하는 것이다. 둘째, 이민자가 새로운 사회에 잘 정착할 수 있도록 사회통합에 주력해야 하는 것이다. 해외 인구 유입 초기부터 사회 비용을 절약할 수 있는 사람들을 들어오게 하는 것이 중요하기 때문이다.

(라) 또한, 이미 들어온 이민자에게는 적극적인 지원을 해야 한다. 언어와 문화, 환경이 모두 낯선 이민자에게는 이민 초기에 세심한 배려가 필요하다. 특히 중요한 것은 다문화 가족이 그들이 가지고 있는 강점을 활용하여 취약 계층이 아닌 주류층으로 설 수 있도록 지원해야 한다. 뿐만 아니라 이민자에 대한 지원 시기를 놓치거나 차별과 편견으로 내국인에게 증오감을 갖게 해서는 안 된다.

① (가) – (나) – (다) – (라)
② (가) – (나) – (라) – (다)
③ (나) – (다) – (라) – (가)
④ (다) – (가) – (나) – (라)
⑤ (다) – (가) – (라) – (나)

09 다음 중 (가) ~ (마) 문단의 내용 전개 방식으로 적절하지 않은 것은?

> (가) 내 주변에는 나처럼 생기고 나와 비슷하게 행동하는 수많은 사람들이 있다. 나는 그들과 경험을 공유하며 살아간다. 그렇다면 그들도 나와 같은 느낌을 가지고 있을까? 가령, 나는 손가락을 베이면 아프다는 것을 다른 무엇으로부터도 추리하지 않고 직접 느낀다. 하지만 다른 사람의 경우에는 '아야!'라는 말과 움츠리는 행동을 통해 그가 아픔을 느꼈으리라고 추측할 수밖에 없다. 이때 그가 느낀 아픔은 내가 느낀 아픔과 같은 것일까?
>
> (나) 물론 이 물음은 다른 사람이 실제로는 아프지 않은데 거짓으로 아픈 척했다거나, 그가 아픔을 느꼈을 것이라는 나의 추측이 잘못되었다는 것과는 관계가 없다. '아프냐? 나도 아프다.'라는 말에서처럼, 나는 다른 사람이 아픔을 느낀다는 것을 그의 말이나 행동으로 알고, 그 아픔을 함께 나눌 수도 있다. 하지만 그의 아픔이 정말로 나의 아픔과 같은 것인지 묻는 것은 다른 문제이다.
>
> (다) 이 문제에 대한 고전적인 해결책은 유추의 방법을 사용하는 것이다. 나는 손가락을 베였을 때 느끼는 아픔을 '아야!'라는 말이나 움츠리는 행동을 통해 나타낸다. 그래서 다른 사람도 그러하리라 전제하고는, 다른 사람이 나와 같은 말이나 행동을 하면 '저 친구도 나와 같은 아픔을 느꼈겠군.'하고 추론한다. 말이나 행동의 동일성이 느낌의 동일성을 보장한다는 것이다. 그러나 이 논증의 결정적인 단점은 내가 아는 단 하나의 사례, 곧 나의 경험에만 의지하여 다른 사람도 나와 같은 아픔을 느낀다고 판단한다는 것이다.
>
> (라) 이런 문제는 우리가 다른 사람의 느낌을 직접 관찰할 수 없기 때문에 생긴다. 만일 다른 사람의 느낌 자체를 관찰할 방법이 있다면 이 문제는 해결될 수 있을 것이다. 기술이 놀랍게 발달하여 두뇌 속 뉴런의 발화(發火)를 통해 인간의 모든 심리 변화를 관찰할 수 있다고 치자. 그러면 제3자가 나와 다른 사람의 뉴런 발화를 비교하여 그것이 같은지 다른지 판단할 수 있다. 그러나 이때에도 나는 특정한 뉴런 발화가 나의 '이런' 느낌과 관련된다는 것은 분명히 알 수 있지만, 그 관련이 다른 사람의 경우에도 똑같이 적용되는가 하는 것까지는 알 수 없다.
>
> (마) 일부 철학자와 심리학자는 아예 '느낌'을 관찰할 수 있는 모습과 행동 바로 그것이라고 정의하는 방식으로 해결책을 찾기도 한다. 그러나 이것은 분명히 행동 너머에 있는 것처럼 생각되는 느낌을 행동과 같다고 정의해 버렸다는 점에서 문제의 해결이라기보다는 단순한 해소인 것처럼 보인다. 그보다는 다양한 가설을 설정하고 그들 간의 경쟁을 통해 최선의 해결책으로 범위를 좁혀 가는 방법이 합리적일 것이다.

① (가) : 일상적인 경험으로부터 화제를 이끌어 내고 있다.
② (나) : 화제에 대한 보충 설명을 통해 문제 의식을 심화하고 있다.
③ (다) : 제기된 의문에 대한 고전적인 해결책을 소개하고 그 문제점을 지적하고 있다.
④ (라) : 제기된 의문이 과학적인 방법에 의해 해결될 수 있음을 보여 주고 있다.
⑤ (마) : 제기된 의문에 대한 새로운 접근 방법의 필요성을 주장하고 있다.

10 다음 글을 읽고 이해한 내용으로 적절하지 않은 것은?

> 녹차와 홍차는 모두 카멜리아 시넨시스(Camellia Sinensis)라는 식물에서 나오는 찻잎으로 만든다. 공정과정에 따라 녹차와 홍차로 나뉘며, 재배지 품종에 따라서도 종류가 달라진다. 이처럼 같은 잎에서 만든 차일지라도 녹차와 홍차가 가지고 있는 특성에는 차이가 있다.
>
> 녹차와 홍차는 발효방법에 따라 구분된다. 녹차는 발효과정을 거치지 않은 것이며, 반쯤 발효시킨 것은 우롱차, 완전히 발효시킨 것은 홍차가 된다. 녹차는 찻잎을 따서 바로 솥에 넣거나 증기로 쪄서 만드는 반면, 홍차는 찻잎을 먼저 햇볕이나 그늘에서 시들게 한 후 천천히 발효시켜 만든다. 녹차가 녹색을 유지하는 반면에 홍차가 붉은색을 띠는 것은 녹차와 달리 높은 발효과정을 거치기 때문이다.
>
> 이러한 녹차와 홍차에는 긴장감을 풀어주고 마음을 진정시키는 L-테아닌(L-theanine)이라는 아미노산이 들어 있는데, 이는 커피에 들어 있지 않은 성분으로 진정효과와 더불어 가슴 두근거림 등의 카페인(Caffeine) 각성 증상을 완화하는 역할을 한다. 또한, 항산화 효과가 강력한 폴리페놀(Polyphenol)이 들어 있어 심장질환 위험을 줄일 수 있다는 장점도 있다. 한 연구에 따르면, 녹차는 콜레스테롤 수치를 낮춰 심장병과 뇌졸중으로 사망할 위험을 줄이는 것으로 나타났다. 홍차 역시 연구 결과, 하루 두 잔 이상 마실 경우 심장발작 위험을 44% 정도 낮추는 효과를 보였다.
>
> 한편, 홍차와 녹차 모두에 폴리페놀 성분이 들어 있지만 그 종류는 다르다. 녹차는 카테킨(Catechin)이 많이 들어 있는 것으로 유명하지만 홍차는 발효과정에서 카테킨의 함량이 어느 정도 감소한다. 이 카테킨에는 EGCG(Epigallocatechin-3-gallate)가 많이 들어 있어 혈중 콜레스테롤 수치를 낮춰 동맥경화 예방을 돕고, 신진대사의 활성화와 지방 배출에 효과적이다. 홍차는 발효과정에서 생성된 테아플라빈(Theaflavins)을 가지고 있는데, 이 역시 혈관 기능을 개선하며, 혈당 수치를 감소시키는 것으로 알려져 있다. 연구에 따르면 홍차에 든 테아플라빈 성분이 인슐린과 유사작용을 보여 당뇨병을 예방하는 효과를 보이는 것으로 나타났다.
>
> 만약 카페인에 민감한 경우라면 홍차보다 녹차를 선택하는 것이 좋다. 카페인의 각성효과를 완화해 주는 L-테아닌이 녹차에 더 많기 때문이다. 녹차에도 카페인이 들어 있지만, 커피와 달리 심신의 안정 효과와 스트레스 해소에 도움을 줄 수 있는 것은 이 때문이다. 또한, 녹차의 떫은맛을 내는 카테킨 성분은 카페인을 해독하고 흡수량을 억제하기 때문에 실제 카페인의 섭취량보다 흡수되는 양이 적다.

① 카멜리아 시넨시스의 잎을 천천히 발효시키면 붉은색을 띠겠구나.
② 녹차를 마셨을 때 가슴이 두근거리는 현상이 커피를 마셨을 때보다 적게 나타나는 이유는 L-테아닌 때문이야.
③ 녹차와 홍차에 들어 있는 폴리페놀이 심장 질환 위험을 줄이는 데 도움을 줘.
④ 녹차에 들어 있는 테아플라빈이 혈중 콜레스테롤 수치를 낮추는 역할을 하는구나.
⑤ 녹차가 떫은맛이 나는 이유는 카테킨이 들어 있기 때문이야.

※ 다음은 K공사 직원 1,200명을 대상으로 출·퇴근 수단 이용률 및 출근 시 통근시간을 조사한 자료이다. 이어지는 질문에 답하시오. [11~12]

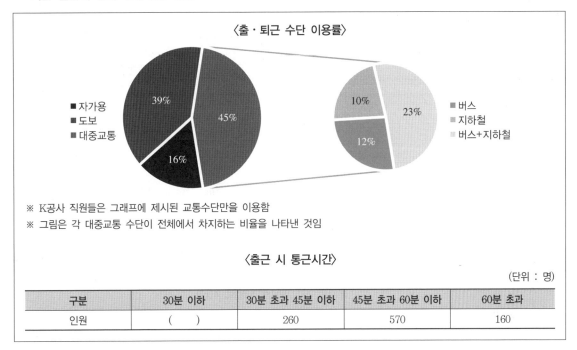

〈출·퇴근 수단 이용률〉

39%
45%
16%

■ 자가용
■ 도보
■ 대중교통

10%
23%
12%

■ 버스
■ 지하철
■ 버스+지하철

※ K공사 직원들은 그래프에 제시된 교통수단만을 이용함
※ 그림은 각 대중교통 수단이 전체에서 차지하는 비율을 나타낸 것임

〈출근 시 통근시간〉

(단위 : 명)

구분	30분 이하	30분 초과 45분 이하	45분 초과 60분 이하	60분 초과
인원	( )	260	570	160

11 다음 중 자료에 대한 설명으로 옳지 않은 것은?

① 통근시간이 30분 이하인 직원은 전체의 17.5%이다.

② 대중교통을 이용하는 모든 인원의 통근시간이 45분을 초과하고, 그중 25%의 통근시간이 60분을 초과한다면 이들은 통근시간이 60분을 초과하는 인원의 80% 이상을 차지한다.

③ 버스와 지하철 모두 이용하는 직원 수는 도보를 이용하는 직원 수보다 174명 적다.

④ 통근시간이 45분 이하인 직원은 60분 초과인 직원의 3.5배 미만이다.

⑤ 전체 직원을 900명이라고 할 때, 자가용을 이용하는 인원은 144명이다.

12 도보 또는 버스만 이용하는 직원 중 25%의 통근시간이 30분 초과 45분 이하로 소요된다. 통근시간이 30분 초과 45분 이하인 인원에서 도보 또는 버스만 이용하는 직원 외에는 모두 자가용을 이용한다고 할 때, 이 인원이 자가용으로 출근하는 전체 인원에서 차지하는 비중은 얼마인가?(단, 비율은 소수점 첫째 자리에서 반올림한다)

① 56%   ② 67%

③ 74%   ④ 80%

⑤ 87%

13 다음은 국가별 지식재산권 사용료 현황에 대한 자료이다. 이에 대한 설명으로 옳지 않은 것은?(단, 증가율과 감소율은 절댓값으로 비교하고, 소수점 둘째 자리에서 반올림한다)

〈국가별 지식재산권 사용료 수입〉

(단위 : 백만 달러)

구분	2023년	2022년	2021년
버뮤다	2	0	0
캐나다	4,458	4,208	4,105
멕시코	6	7	7
미국	127,935	124,454	124,442
칠레	52	43	42
콜롬비아	63	46	52
파라과이	36	33	33
페루	26	9	7
우루과이	35	33	38

〈국가별 지식재산권 사용료 지급〉

(단위 : 백만 달러)

구분	2023년	2022년	2021년
버뮤다	10	8	9
캐나다	10,928	10,611	10,729
멕시코	292	277	260
미국	48,353	44,392	39,858
칠레	1,577	1,614	1,558
콜롬비아	457	439	471
파라과이	19	19	19
페루	306	324	302
우루과이	113	109	101

① 2021 ~ 2023년 동안 지적재산권 사용료 수입이 지급보다 많은 국가는 2곳이다.

② 2022 ~ 2023년까지 미국의 지식재산권 사용료 지급은 수입의 30% 이상을 차지한다.

③ 2022 ~ 2023년 동안 전년 대비 지식재산권 수입과 지급이 증가한 나라는 1곳이다.

④ 2021년 캐나다 지식재산권 사용료 수입은 미국을 제외한 국가의 총수입보다 20배 이상 많다.

⑤ 2023년 전년 대비 멕시코의 지식재산권 사용료 지급 증가율은 2022년 전년 대비 콜롬비아의 지식재산권 사용료 수입 감소율보다 5.5%p 더 높다.

※ 다음은 공공체육시설 현황 및 1인당 체육시설 면적을 나타낸 자료이다. 이어지는 질문에 답하시오. **[14~16]**

〈공공체육시설 현황 및 1인당 체육시설 면적〉

(단위 : 개소, m²)

구분		2020년	2021년	2022년	2023년
공공체육시설의 수	축구장	467	558	618	649
	체육관	529	581	639	681
	간이운동장	9,531	10,669	11,458	12,194
	테니스장	428	487	549	565
	기타	1,387	1,673	1,783	2,038
1인당 체육시설 면적		2.54	2.88	3.12	3.29

14 2022년에 전년 대비 시설이 가장 적게 늘어난 곳과 가장 많이 늘어난 곳의 2022년 시설 수의 합은 얼마인가?

① 10,197개소 ② 11,197개소
③ 12,097개소 ④ 11,097개소
⑤ 12,197개소

15 2020년 전체 공공체육시설 중 체육관이 차지하고 있는 비율은 얼마인가?(단, 소수점 둘째 자리에서 반올림한다)

① 5.4% ② 4.3%
③ 3.2% ④ 2.1%
⑤ 1.0%

16 다음 자료에 대한 설명으로 옳지 않은 것은?

① 테니스장은 2022년에 전년 대비 약 12.7% 증가했다.
② 2021년 간이운동장의 수는 같은 해 축구장 수의 약 19.1배이다.
③ 2023년 1인당 체육시설 면적은 2020년에 비해 약 1.3배 증가했다.
④ 2021년 축구장 수는 전년 대비 91개소 증가했다.
⑤ 2023년 공공체육시설의 수는 총 14,127개소이다.

17 세탁기는 세제 용액의 농도를 0.9%로 유지해야 가장 세탁이 잘 된다. 농도가 0.5%인 세제 용액 2kg에 세제를 4스푼 넣었더니, 농도가 0.9%인 세제 용액이 됐다. 물 3kg에 세제를 몇 스푼 넣으면 농도가 0.9%인 세제 용액이 되는가?

① 12스푼   ② 12.5스푼

③ 13스푼   ④ 13.5스푼

⑤ 14스푼

18 다음은 2019년과 2023년의 장소별 인터넷 이용률을 나타낸 자료이다. 이를 나타난 그래프로 옳은 것은? (단, 모든 그래프의 단위는 '%'이다)

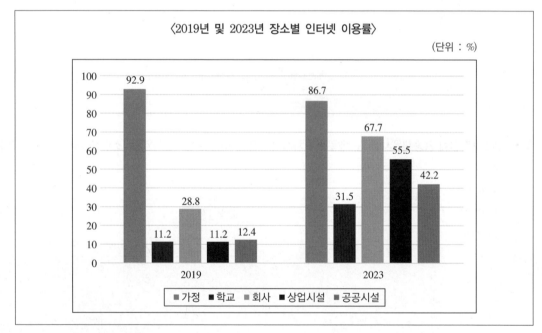

〈2019년 및 2023년 장소별 인터넷 이용률〉

(단위 : %)

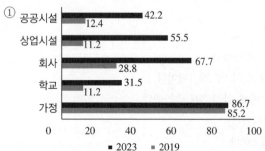

①

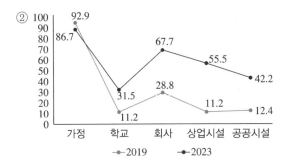

②

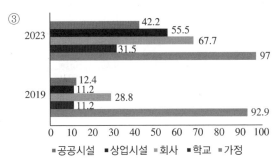

③

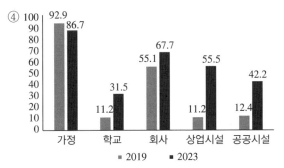

④

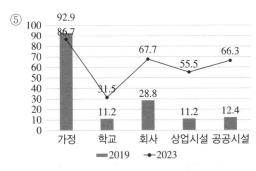

⑤

19 다음은 초·중·고등학생의 사교육비에 대한 자료이다. 학생 만 명당 사교육비가 가장 높은 해는?

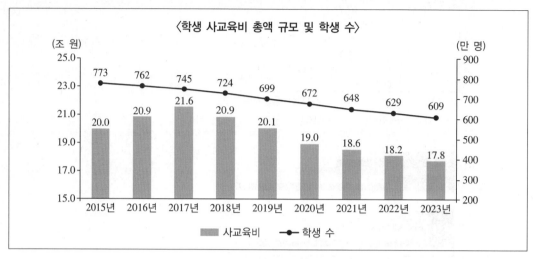

① 2023년
② 2021년
③ 2019년
④ 2017년
⑤ 2015년

20 K초등학교 1, 2학년 학생들에게 다섯 가지 색깔 중 선호하는 색깔을 선택하게 하였다. 1학년 전체 학생 중 빨강을 좋아하는 학생 수의 비율과 2학년 전체 학생 중 노랑을 좋아하는 학생 수의 비율을 바르게 나열한 것은?(단, 각 학년의 인원수는 250명이다)

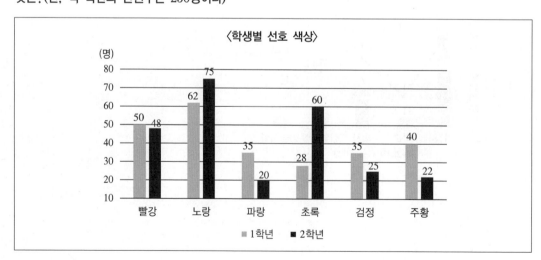

① 20%, 30%
② 20%, 35%
③ 30%, 30%
④ 30%, 35%
⑤ 30%, 50%

21 다음은 농수산물에 대한 식품수거검사에 대한 자료이다. 〈보기〉 중 옳지 않은 것을 모두 고르면?

〈식품수거검사〉

- 검사
  - 월별 정기 및 수시 수거검사
- 대상
  - 다년간 부적합 비율 및 유통점유율이 높은 품목대상
  - 신규 생산품목 및 문제식품의 신속 수거 및 검사 실시
  - 언론이나 소비자단체 등 사회문제화된 식품
  - 재래시장, 연쇄점, 소형슈퍼마켓 주변의 유통식품
  - 학교주변 어린이 기호식품류
  - 김밥, 도시락, 햄버거 등 유통식품
  - 유통 중인 농·수·축산물(엽경채류, 콩나물, 어류, 패류, 돼지고기, 닭고기 등)
- 식품종류별 주요 검사항목
  - 농산물 : 잔류농약
  - 수산물 : 총수은, 납, 항생물질, 장염비브리오 등 식중독균 오염여부
  - 축산물 : 항생물질, 합성항균제, 성장호르몬제, 대장균 O-157:H7, 리스테리아균, 살모넬라균, 클로스트리디움균
  - 식품제조·가공품 : 과산화물가, 대장균, 대장균군, 보존료, 타르색소 등
- 부적합에 따른 조치
  - 제조업체 해당 시·군에 통보(시정명령, 영업정지, 품목정지, 폐기처분 등 행정조치)
  - 식품의약안전청 홈페이지 식품긴급회수창에 위해 정보 공개
  - 부적합 유통식품 수거검사 및 폐기

〈보기〉

ㄱ. 유통 중에 있는 식품은 식품수거검사 대상에 해당되지 않는다.
ㄴ. 항생물질 함유 여부를 검사하는 항목은 축산물뿐이다.
ㄷ. 식품수거검사는 정기와 수시가 모두 진행된다.
ㄹ. 식품수거검사 결과 적발한 위해 정보는 제조업체 해당 시·군 홈페이지에서 확인할 수 있다.

---

① ㄱ, ㄷ   ② ㄴ, ㄹ

③ ㄱ, ㄴ, ㄹ   ④ ㄱ, ㄷ, ㄹ

⑤ ㄴ, ㄷ, ㄹ

22 기획부 A ~ E직원이 다음 〈조건〉에 따라 야근을 한다고 할 때, 수요일에 야근하는 사람은?

───────────────〈조건〉───────────────
- 사장님이 출근할 때는 모든 사람이 야근을 한다.
- A가 야근할 때 C도 반드시 해야 한다.
- 사장님은 월요일과 목요일에 출근을 한다.
- B는 금요일에 야근을 한다.
- E는 화요일에 야근을 한다.
- 수요일에는 한 명만 야근을 한다.
- 월요일부터 금요일까지 한 사람당 3번 야근한다.
─────────────────────────────────────

① A   ② B
③ C   ④ D
⑤ E

23 다음 기사에 나타난 문제 유형을 바르게 설명한 것은?

───
도색이 완전히 벗겨진 차선과 지워지기 직전의 흐릿한 차선이 서울 강남의 도로 여기저기서 발견되고 있다. 알고 보니 규격 미달의 불량 도료 때문이었다. 시공 능력이 없는 업체들이 서울시가 발주한 도색 공사를 따낸 뒤, 브로커를 통해 전문 업체에 공사를 넘겼고, 이 과정에서 수수료를 떼인 전문 업체들은 손해를 만회하기 위해 값싼 도료를 사용한 것이다. 차선용 도료에 값싼 일반용 도료를 섞다 보니 야간에 차선이 잘 보이도록 하는 유리알이 제대로 붙어있지 못해 차선 마모는 더욱 심해졌다. 지난 4년간 서울 전역에서는 74건의 부실 시공이 이뤄졌고, 공사 대금은 총 183억 원에 달하는 것으로 밝혀졌다.
───

① 발생형 문제로, 이탈 문제에 해당한다.
② 발생형 문제로, 미달 문제에 해당한다.
③ 탐색형 문제로, 잠재 문제에 해당한다.
④ 탐색형 문제로, 예측 문제에 해당한다.
⑤ 탐색형 문제로, 발견 문제에 해당한다.

24 다음 글과 표를 근거로 판단할 때, A사원이 선택할 4월의 광고수단은?

- 주어진 예산은 월 3천만 원이며, A사원은 월별 광고효과가 가장 큰 광고수단 하나만을 선택한다.
- 광고비용이 예산을 초과하면 해당 광고수단은 선택하지 않는다.
- 광고효과는 아래와 같이 계산한다.

$$(광고효과) = \frac{(총광고\ 횟수) \times (회당\ 광고\ 노출자\ 수)}{(광고비용)}$$

- 광고수단은 한 달 단위로 선택한다.

광고수단	광고 횟수	회당 광고 노출자 수	월 광고비용
TV	월 3회	100만 명	30,000천 원
버스	일 1회	10만 명	20,000천 원
KTX	일 70회	1만 명	35,000천 원
지하철	일 60회	2천 명	25,000천 원
포털사이트	일 50회	5천 명	30,000천 원

① TV
② 버스
③ KTX
④ 지하철
⑤ 포털사이트

25 과장인 귀하는 올해 입사한 A ~ C사원의 중간 평가를 해야 한다. 업무 능력, 리더십, 인화력의 세 영역에 대해 평가하며, 평가는 절대 평가 방식에 따라 − 1(부족), 0(보통), 1(우수)로 이루어진다. 세 영역의 점수를 합산하여 개인별로 총점을 낸다면 가능한 평가 결과표의 개수는?

〈평가 결과표〉			
사원 ＼ 영역	업무 능력	리더십	인화력
A			
B			
C			

※ 각자의 총점은 0임
※ 각 영역의 점수 합은 0임
※ 인화력 점수는 A가 제일 높고, 그다음은 B, C 순서임

① 3개
② 4개
③ 5개
④ 6개
⑤ 7개

26 다음 〈조건〉을 바탕으로 추론할 때, 항상 옳은 것은?

> 7층 건물에 A ~ G가 살고 축구, 야구, 농구 중 한 개의 스포츠를 좋아한다. 키우는 반려동물로는 개, 고양이, 새가 있다.

〈조건〉
- 한 층에 한 명이 산다.
- 이웃한 사람끼리는 서로 다른 스포츠를 좋아하고 다른 반려동물을 키운다.
- G는 맨 위층에 산다.
- 짝수 층 사람들은 축구를 좋아한다.
- B는 유일하게 개를 기르는 사람이다.
- 2층에 사는 사람은 고양이를 키운다.
- E는 농구를 좋아하며, D는 새를 키운다.
- A는 E의 아래층에 살며, B의 위층에 산다.
- 개는 1층에서만 키울 수 있다.

① C와 E는 이웃한다.
② G는 야구를 좋아하며 고양이를 키운다.
③ 홀수 층에 사는 사람은 모두 새를 키운다.
④ D는 5층에 산다.
⑤ F는 6층에 살며 고양이를 키운다.

27 다음 제시된 커피의 종류, 은희의 취향 및 오늘 아침의 상황으로 판단할 때, 오늘 아침에 은희가 주문할 커피는?

〈커피의 종류〉

에스프레소	아메리카노
• 에스프레소	• 에스프레소 • 따뜻한 물
카페라테	카푸치노
• 에스프레소 • 데운 우유	• 에스프레소 • 데운 우유 • 우유거품
비엔나 커피	카페모카
• 에스프레소 • 따뜻한 물 • 휘핑크림	• 에스프레소 • 초코시럽 • 데운 우유 • 휘핑크림

〈은희의 취향〉

• 배가 고플 때에는 데운 우유가 들어간 커피를 마신다.
• 다른 음식과 함께 커피를 마실 때에는 데운 우유를 넣지 않는다.
• 스트레스를 받으면 휘핑크림이나 우유거품을 추가한다.
• 피곤하면 휘핑크림이 들어간 경우에 한하여 초코시럽을 추가한다.

〈오늘 아침의 상황〉

출근을 하기 위해 지하철을 탄 은희는 꽉 들어찬 사람들 사이에서 스트레스를 받으며 내리기만을 기다리고 있었다. 목적지에 도착한 은희는 커피를 마시며 기분을 달래기 위해 커피전문점에 들렀다. 아침식사를 하지 못해 배가 고프고 고된 출근길에 피곤하지만, 시간 여유가 없어 오늘 아침은 커피만 마실 생각이다. 그런데 은희는 체중관리를 위해 휘핑크림은 넣지 않기로 하였다.

① 카페라테
② 아메리카노
③ 비엔나 커피
④ 카페모카
⑤ 카푸치노

28 남성 정장 제조 전문회사에서 20대를 위한 캐주얼 SPA 브랜드에 신규 진출하려고 한다. 귀하는 3C 분석 방법을 취하여 다양한 자료를 조사했으며, 다음과 같은 분석내용을 도출하였다. 자사에서 추진하려는 신규 사업 계획의 타당성에 대한 판단으로 가장 적절한 것은?

3C	상황분석
고객 (Customer)	• 40대 중년 남성을 대상으로 한 정장 시장은 정체 및 감소 추세 • 20대 캐주얼 및 SPA 시장은 매년 급성장
경쟁사 (Competitor)	• 20대 캐주얼 SPA 시장에 진출할 경우, 경쟁사는 글로벌 및 토종 SPA 기업, 캐주얼 전문 기업 외에도 비즈니스 캐주얼, 아웃도어 의류 기업도 포함 • 경쟁사들은 브랜드 인지도, 유통망, 생산 등에서 차별화된 경쟁력을 가짐 • 경쟁사들 중 상위업체는 하위업체와의 격차 확대를 위해 파격적 가격정책과 20대 지향 디지털마케팅 전략을 구사
자사 (Company)	• 신규 시장 진출 시 막대한 마케팅 비용 발생 • 낮은 브랜드 인지도 • 기존 신사 정장 이미지 고착 • 유통과 생산 노하우 부족 • 디지털마케팅 역량 미흡

① 20대 SPA 시장이 급성장하고, 경쟁이 치열해지고 있지만 자사의 유통 및 생산 노하우로 가격경쟁력을 확보할 수 있으므로 신규 사업을 추진하는 것이 바람직하다.

② 40대 중년 정장 시장은 감소 추세에 있으므로 새로운 수요 발굴이 필요하며, 기존의 신사 정장 이미지를 벗어나 20대 지향 디지털마케팅 전략을 구사하면 신규 시장의 진입이 가능하므로 신규 사업을 진행하는 것이 바람직하다.

③ 20대 SPA 시장이 급성장하고 있지만, 하위업체의 파격적인 가격정책을 이겨내기에 막대한 비용이 발생하므로 신규 사업의 진출은 적절하지 않다.

④ 20대 SPA 시장은 계속해서 성장하고 매력적이지만 경쟁이 치열하고 경쟁자의 전략이 막강한 데 비해 자사의 자원과 역량은 부족하여 신규 사업의 진출은 하지 않는 것이 바람직하다.

⑤ 브랜드 경쟁력을 유지하기 위해서는 20대 SPA 시장 진출이 필요하며 파격적 가격정책을 도입하면 자사의 높은 브랜드 이미지와 시너지 효과를 낼 수 있기에 신규 사업을 진행하는 것이 바람직하다.

29 K공사는 1차 서류전형, 2차 직업기초능력, 3차 직무수행능력, 4차 면접전형을 모두 마친 면접자들의 평가 점수를 '최종 합격자 선발기준'에 따라 판단하여 A ~ E 중 상위자 2명을 최종 합격자로 선정하고자 한다. 다음 중 최종 합격자들끼리 바르게 짝지어진 것은?

〈최종 합격자 선발기준〉

평가요소	의사소통	문제해결	조직이해	대인관계	합계
평가비중	40%	30%	20%	10%	100%

〈면접평가 결과〉

구분	A	B	C	D	E
의사소통능력	A^+	A^+	A^+	B^+	C
문제해결능력	B^+	B+5	A^+	B+5	A+5
조직이해능력	A+5	A	C^+	A^+	A
대인관계능력	C	A^+	B^+	C^+	B^++5

※ 등급별 변환 점수 : A^+=100, A=90, B^+=80, B=70, C^+=60, C=50
※ 면접관의 권한으로 등급별 점수에 +5점을 가점할 수 있음

① A, B   ② B, C
③ C, D   ④ D, E
⑤ A, E

30 다음 글과 대화를 근거로 판단할 때 대장 두더지는?

- 갑은 튀어나온 두더지를 뿅망치로 때리는 '두더지 게임'을 했다.
- 두더지는 총 5마리(A ~ E)이며, 이 중 1마리는 대장 두더지이고 나머지 4마리는 부하 두더지이다.
- 대장 두더지를 맞혔을 때는 2점, 부하 두더지를 맞혔을 때는 1점을 획득한다.
- 두더지 게임 결과, 갑은 총 14점을 획득하였다.
- 두더지 게임이 끝난 후 두더지들은 아래와 같은 대화를 하였다.

A두더지 : 나는 맞은 두더지 중에 가장 적게 맞았고, 맞은 횟수는 짝수야.
B두더지 : 나는 C두더지와 똑같은 횟수로 맞았어.
C두더지 : 나와 A두더지, D두더지가 맞은 횟수를 모두 더하면 모든 두더지가 맞은 횟수의 $\frac{3}{4}$이야.
D두더지 : 우리 중에 한 번도 맞지 않은 두더지가 1마리 있지만 나는 아니야.
E두더지 : 우리가 맞은 횟수를 모두 더하면 12번이야.

① A두더지   ② B두더지
③ C두더지   ④ D두더지
⑤ E두더지

31 K은행 A지점은 개점 5주년을 맞이하여 행사기간 동안 방문하는 고객에게 소정의 사은품을 나누어 주는 행사를 진행하고자 한다. 행사에 필요한 예산을 본사에 요청하기 위해 다음과 같이 기획안과 예산안을 제출하고자 한다. 다음 중 필요 예산금액(A)으로 가장 적절한 것은?

〈기획안〉

- 행사명 : 5주년 고객감사 특별행사
- 행사기간 : 4월 9일(월) ~ 20일(금)
- 참여대상 : 행사기간 내 본 지점 내방 고객
- 추첨방법 : 룰렛판을 돌려 화살표가 지시하는 상품을 제공함
- 경품내역 : 볼펜, 핸드로션, 휴대전화 거치대, 주방세제, 밀폐용기 세트, 상품권(1만 원)

〈예산안〉

- 예상 참여인원 : 4,000명(전년 동월 방문객 수 참고)
- 필요 예산금액 : [A]

〈경품 추첨용 도구(룰렛)〉

※ 원점을 중심으로 각 부채꼴의 각은 동일함

〈구매상품 리스트〉

품목	볼펜	핸드로션	휴대전화 거치대	주방세제	밀폐용기 세트	상품권
단가	500원	2,000원	3,000원	5,000원	10,000원	10,000원
수량						
총액						

① 9,500,000원
② 10,250,000원
③ 11,750,000원
④ 12,500,000원
⑤ 13,250,000원

※ K공사는 천연가스 운송을 위한 운송기지를 건설하려고 한다. 다음 후보지역 평가 현황 자료를 참고하여 이어지는 질문에 답하시오. **[32~33]**

<후보지역 평가 현황>

(단위 : 점)

지역	접근성	편의성	활용도	인지도
갑	5	7	6	3
을	3	7	8	4
병	5	8	2	6
정	8	7	5	2
무	7	7	1	4

※ 평가항목당 가중치는 접근성이 0.4, 편의성이 0.2, 활용도 0.1, 인지도 0.3임

32 평가항목당 가중치를 적용한 총점으로 개최지를 선정할 때, 다음 중 선정되는 지역은 어느 지역인가?

① 갑   ② 을

③ 병   ④ 정

⑤ 무

33 접근성과 편의성의 평가항목당 가중치를 서로 바꾸었을 때, 다음 중 선정되는 지역은 어느 지역인가?

① 갑   ② 을

③ 병   ④ 정

⑤ 무

※ 다음은 K공사의 물품관리 대장과 물품코드 생성방법에 대한 자료이다. 이어지는 질문에 답하시오. [34~36]

〈물품관리 대장〉

물품코드	물품명	파손 여부	개수	구매 가격	중고판매 시 가격 비율 (원가 대비)
CD – 16 – 1000	노트북	–	5대	70만 원	70%
ST – 14 – 0100	회의실 책상	–	2개	20만 원	30%
SL – 21 – 0010	볼펜	파손	20자루	3천 원	0%
MN – 17 – 0100	사무실 책상	–	7개	15만 원	40%
MN – 21 – 1000	TV	파손	1대	120만 원	55%
LA – 12 – 0100	사무실 서랍장	파손	3개	10만 원	35%
ST – 22 – 0100	회의실 의자	파손	10개	5만 원	55%
CD – 13 – 0010	다이어리	–	15개	7천 원	0%

〈물품코드 생성방법〉

알파벳 두 자리	중간 두 자리	마지막 네 자리
• 부서별 분류 – CD : 신용팀 – MN : 관리팀 – ST : 총무팀 – LA : 대출팀 – SL : 판매팀	구매 연도 마지막 두 자리	• 물품 종류 – 1000 : 전자기기 – 0100 : 사무용 가구 – 0010 : 문구류

34 다음 중 물품관리 대장에서 찾을 수 없는 물품은 무엇인가?

① 총무팀에서 2022년에 구매한 사무용 가구
② 관리팀에서 2017년에 구매한 문구류
③ 대출팀에서 2012년에 구매한 사무용 가구
④ 신용팀에서 2016년에 구매한 전자기기
⑤ 판매팀에서 2021년에 구매한 문구류

35 다음 중 구매 연도부터 9년 이상 경과한 물품을 교체한다면 교체할 수 있는 물품은?(단, 올해는 2024년이다)

① 관리팀 – TV   ② 총무팀 – 회의실 의자
③ 신용팀 – 노트북   ④ 관리팀 – 사무실 책상
⑤ 총무팀 – 회의실 책상

36 K공사에서는 물품을 고치는 대신 파손된 물품을 중고로 판매하려고 한다. 예상되는 판매수익금은 얼마인가?

① 104만 원 ② 108만 원

③ 110만 원 ④ 112만 원

⑤ 116만 원

37 다음은 K공사 인사팀의 하계 휴가 스케줄이다. G사원은 휴가를 신청하기 위해 하계 휴가 스케줄을 확인하였다. 인사팀 팀장인 A부장은 25 ~ 28일은 하계 워크숍 기간이므로 휴가 신청이 불가능하며, 하루에 6명 이상은 사무실에 반드시 있어야 한다고 팀원들에게 공지했다. G사원이 휴가를 쓸 수 있는 기간으로 옳은 것은?

구분	8월 휴가																			
	3	4	5	6	7	10	11	12	13	14	17	18	19	20	21	24	25	26	27	28
	월	화	수	목	금	월	화	수	목	금	월	화	수	목	금	월	화	수	목	금
A부장	■	■	■																	
B차장								■												
C과장	■	■	■																	
D대리										■	■	■								
E주임														■	■	■				
F주임											■	■								
G사원																				
H사원						■	■	■												

※ 스케줄에 색칠된 부분은 해당 직원의 휴가 예정일임

※ G사원은 4일 이상 휴가를 사용해야 함(토, 일 제외)

① 7 ~ 11일 ② 6 ~ 11일

③ 11 ~ 16일 ④ 13 ~ 18일

⑤ 19 ~ 24일

※ A대리는 사내 워크숍 진행을 담당하고 있다. 다음 자료를 보고 이어지는 질문에 답하시오. [38~39]

〈K연수원 예약 안내〉

■ **예약절차**

견적 요청 ⇨ 견적서 발송 ⇨ 계약금 입금 ⇨ 예약 확정

※ 계약금 : 견적금액의 10%

■ **이용요금 안내**

• 교육시설사용료

위치	품목	1일 시설사용료	최대 수용인원	기본요금
신관	대강당		150명	1,500,000원
	1강의실		80명	800,000원
본관	2강의실	15,000원/인당	70명	700,000원
	3강의실		50명	500,000원
	1세미나		30명	300,000원
	2세미나		20명	200,000원
	3세미나		10명	100,000원

※ 숙박 시 시설사용료는 기본요금으로 책정함

• 숙박시설

위치	품목	타입	기본인원	최대인원	기본금액	1인 추가요금
본관	13평형	온돌	4인	5인	100,000원	10,000원/인 공통
	25평형	온돌	7인	8인	150,000원	
신관	30평형	침대	10인	12인	240,000원	

• 식사

품목	제공메뉴	기본금액	장소
자율식	오늘의 메뉴	8,000원	실내식당
차림식	오늘의 메뉴	15,000원	

■ **예약취소 안내**

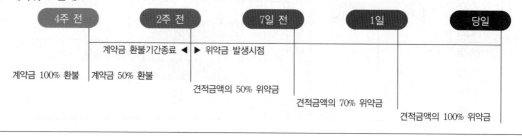

38 A대리는 다음과 같은 부서장의 지시에 따라 워크숍 장소를 예약하였다. 그리고 사전예약 이벤트로 10%의 할인을 받았다. 이때 K연수원에 내야 할 계약금은 얼마인가?

> 부서장 : A대리, 올해 워크숍은 하루 동안 진행하기로 결정이 되었어요. 매년 진행하던 K연수원에서 진행할 것이니 미리 예약해 주세요. 그리고 참석인원은 총 50명이고, 식사는 점심, 저녁 2회 실시할 예정입니다. 숙박인원은 없으니까 별도로 예약할 필요는 없어요. 이번 워크숍에 배정된 예산이 2백만 원인데, 여유가 된다면 저녁은 차림식으로 하죠. 참, 교육은 두 가지 프로그램으로 진행할 예정이에요. 두 곳에서 인원을 대략 절반으로 나눠 로테이션 방식으로 진행할 겁니다. 강의실 예약 시 참고해 주세요.

① 139,500원
② 148,500원
③ 171,000원
④ 190,000원
⑤ 220,500원

39 회사의 부득이한 사정으로 워크숍을 진행하기로 했던 날의 10일 전에 취소를 하였다. 이때 예약취소로 인해 입은 손해는 얼마인가?

① 없음
② 85,500원
③ 365,000원
④ 855,000원
⑤ 1,197,000원

40 K제약회사는 상반기 신입사원 공개채용을 시행했다. 최종 면접자들의 점수를 확인하여 합격 점수 산출법에 따라 합격자를 선정하려고 한다. 총점이 80점 이상인 지원자가 합격한다고 할 때, 합격자를 바르게 짝지은 것은?(단, 과락은 환산 전 점수를 기준으로 한다)

〈최종 면접 점수〉

(단위 : 점)

구분	A	B	C	D	E
직업기초능력	75	65	60	68	90
의사소통능력	52	70	55	45	80
문제해결능력	44	55	50	50	49

〈합격 점수 산출법〉

- 직업기초능력×0.6
- 문제해결능력×0.4
- 의사소통능력×0.3
- 총점 : 80점 이상

※ 과락 점수(미만) : 직업기초능력 60점, 의사소통능력 50점, 문제해결능력 45점

① A, C
② A, D
③ B, E
④ C, E
⑤ D, E

41 다음 코드를 참고할 때, 〈보기〉 중 변수를 나타낸 것을 모두 고르면?

```
int a = 10;
int *p = &a;
*p = 20;
```

─────〈보기〉─────

(가) a   (나) 10

(다) p   (라) *p

(마) &a

① (가), (나), (마)   ② (가), (다), (라)

③ (나), (다), (라)   ④ (나), (다), (마)

⑤ (다), (라), (마)

42 다음 워크시트를 참조하여 작성한 수식 「=INDEX(B2:D9,2,3)」의 결괏값은?

	A	B	C	D
1	코드	정가	판매수량	판매가격
2	L-001	25,400	503	12,776,000
3	D-001	23,200	1,000	23,200,000
4	D-002	19,500	805	15,698,000
5	C-001	28,000	3,500	98,000,000
6	C-002	20,000	6,000	96,000,000
7	L-002	24,000	750	18,000,000
8	L-003	26,500	935	24,778,000
9	D-003	22,000	850	18,700,000

① 19,500   ② 23,200,000

③ 1,000   ④ 805

⑤ 12,776,000

43 다음 시트에서 [찾기 및 바꾸기] 기능을 통해 찾을 내용에 '가?'를, 바꿀 내용에 'A'를 입력한 후, 모두 바꾸기를 실행하였을 경우 나타나는 결괏값으로 옳은 것은?

	A
1	가수 레이디 가가
2	가정평화
3	가지꽃
4	가족가정

①

	A
1	A
2	A
3	A
4	A

②

	A
1	A 레이디 가가
2	A평화
3	A꽃
4	A

③

	A
1	A 레이디 A
2	A평화
3	A꽃
4	AA

④

	A
1	A 레이디 A
2	A
3	A
4	AA

⑤

	A
1	A 레이디 가가
2	A평화
3	A꽃
4	AA

44 엑셀프로그램을 이용하여 자료를 입력한다고 할 때, 기본적으로 셀의 왼쪽으로 정렬되지 않는 것은?

① "2025"
② 2025-09-01
③ 2,000원
④ FIFA2025
⑤ 2025년

45 다음 중 컴퓨터 범죄의 예방 및 대책 방법으로 옳지 않은 것은?

① 다운로드받은 파일은 백신 프로그램으로 검사한 후 사용한다.
② 시스템에 상주하는 바이러스 방지 장치를 설치한다.
③ 정기적인 보안 검사를 통해 해킹 여부를 확인한다.
④ 정기적으로 패스워드를 변경하여 사용한다.
⑤ 의심이 가는 메일은 열어서 확인 후 삭제하도록 한다.

46 다음 중 [A4:B4] 영역을 기준으로 차트를 만들었을 때, 차트에 대한 설명으로 옳지 않은 것은?

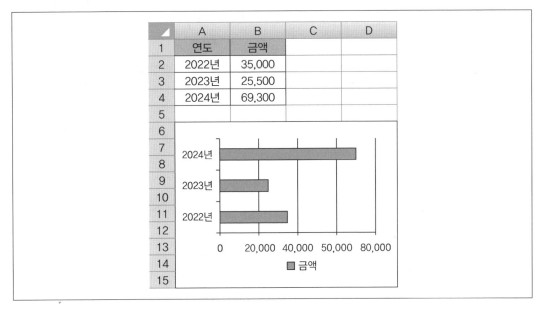

① 표의 데이터를 수정하면 차트도 자동으로 수정된다.

② 차트에서 주 눈금선을 선택하여 삭제하면 주 눈금선이 사라진다.

③ 표의 [A5:B5] 영역에 새로운 데이터를 추가하면 차트에도 자동으로 추가된다.

④ 표의 [A3:B3] 영역과 [A4:B4] 영역 사이에 새로운 데이터를 삽입하면 차트에도 자동으로 삽입된다.

⑤ 차트에서 데이터 레이블을 추가하면 금액 값이 표시된다.

47 다음 시트에서 [A2:A4] 영역의 데이터를 이용하여 [C2:C4] 영역처럼 표시하려고 할 때, [C2] 셀에 입력할 수식으로 옳은 것은?

	A	B	C
1	주소	사원 수	출신지
2	서귀포시	10	서귀포
3	여의도동	90	여의도
4	김포시	50	김포

① =LEFT(A2,LEN(A2)−1)

② =RIGHT(A2,LENGTH(A2))−1

③ =MID(A2,1,VALUE(A2))

④ =LEFT(A2,TRIM(A2))−1

⑤ =MID(A2,LENGTH(A3))

48 다음 엑셀의 단축키 중 한 셀에 두 줄 이상 입력하기 위한 '줄 바꿈'의 단축키로 옳은 것은?

① 〈Alt〉+〈Enter〉   ② 〈Ctrl〉+〈N〉

③ 〈Alt〉+〈F1〉   ④ 〈Enter〉

⑤ 〈Ctrl〉+〈Enter〉

49 다음 중 데이터베이스를 사용하는 경우의 장점이 아닌 것은?

① 데이터 무결성 유지   ② 데이터 공용 사용

③ 데이터 일관성 유지   ④ 데이터 중복의 최대화

⑤ 데이터 보안 향상

50 다음 대화를 보고 빈칸에 들어갈 용어로 가장 적절한 것은?

> 수인 : 요즘은 금융기업이 아닌데도 K페이 형식으로 결제서비스를 제공하는 곳이 많더라.
>
> 희재 : 맞아! 나도 얼마 전에 온라인 구매를 위해 결제창으로 넘어갔는데, 페이에 가입해서 결제하면 혜택을 제공한다고 하여 가입해서 페이를 통해 결제했어.
>
> 수인 : 이렇게 모바일 기술이나 IT에 결제, 송금과 같은 금융서비스를 결합한 새로운 서비스를 _____ 라고 부른대. 들어본 적 있니?

① P2P   ② O2O

③ 핀테크   ④ IoT

⑤ 클라우드

답안채점 • 성적분석 서비스

모바일 OMR

 → → → → → → → →

| 도서 내 모의고사 우측 상단에 위치한 QR코드 찍기 | 로그인 하기 | '시작하기' 클릭 | '응시하기' 클릭 | 나의 답안을 모바일 OMR 카드에 입력 | '성적분석 & 채점결과' 클릭 | 현재 내 실력 확인하기 |

도서에 수록된 모의고사에 대한
객관적인 결과(정답률, 순위)를
종합적으로 분석하여 제공합니다.

※OMR 답안채점 / 성적분석 서비스는 등록 후 30일간 사용 가능합니다.

시대에듀

공기업 취업을 위한 NCS
직업기초능력평가 시리즈

NCS부터 전공까지 완벽 학습 "통합서" 시리즈

공기업 취업의 기초부터 차근차근! 취업의 문을 여는 **Master Key!**

NCS 영역 및 유형별 체계적 학습 "집중학습" 시리즈

영역별 이론부터 유형별 모의고사까지! 단계별 학습을 통한 **Only Way!**

2025
최신판

사이다 기출응용
모의고사 시리즈

사일 동안
이것만 풀면
다 합격!

한국가스공사
NCS
4회분 | 정답 및 해설

모바일 OMR
답안채점 / 성적분석
서비스

—

NCS
핵심이론 및
대표유형 PDF

—

[합격시대]
온라인 모의고사
무료쿠폰

—

무료
NCS
특강

SDC
SDC는 시대에듀 데이터 센터의 약자로 약 30만 개의 NCS · 적성 문제
데이터를 바탕으로 최신 출제경향을 반영하여 문제를 출제합니다.

편저 | SDC(Sidae Data Center)

시대에듀

기출응용 모의고사
정답 및 해설

1일 차 기출응용 모의고사 정답 및 해설

01	02	03	04	05	06	07	08	09	10
⑤	②	②	⑤	⑤	④	③	②	④	⑤
11	12	13	14	15	16	17	18	19	20
③	⑤	②	⑤	①	④	②	②	②	②
21	22	23	24	25	26	27	28	29	30
⑤	④	③	⑤	④	⑤	④	③	③	③
31	32	33	34	35	36	37	38	39	40
③	②	①	⑤	⑤	③	③	③	⑤	④
41	42	43	44	45	46	47	48	49	50
①	①	③	④	③	②	②	③	③	①

01
정답 ⑤

PET(양전자 단층 촬영술)는 CT 이후 방사성 의약품을 이용해 인체의 생화학적 상태를 3차원 영상으로 나타내는 기술로, 방사성 포도당이라는 의약품을 투여하여야 영상을 얻을 수 있다. 반면에 CT(컴퓨터 단층 촬영)는 X선을 이용한 기술로 별도의 의약품 없이도 영상을 얻을 수 있다.

02
정답 ②

오답분석
① 넓따란 → 널따란
③ 넉두리 → 넋두리
④ 얇팍한 → 얄팍한
⑤ 몇일 → 며칠

03
정답 ②

문맥상 의미에 따라 사실이나 비밀·입장 등을 명확하게 한다는 뜻의 '밝히기 위한'으로 수정하는 것이 적절하다.

오답분석
① 의존 명사는 띄어 쓰는 것이 원칙이므로, '정하는 바에 의하여'가 적절한 표기이다.
③ ©의 '-하다'는 앞의 명사와 붙여 써야 하는 접사이므로 '등록하거나'가 적절한 표기이다.

④ 주가 되는 것에 달리거나 딸린다는 의미의 '붙는'이 적절한 표기이다.
⑤ 우리말로 표현이 가능한 경우 외국어나 외래어 사용을 지양해야 하므로 '관리하는'이 적절한 표기이다.

04
정답 ⑤

제시문과 ⑤의 '잡다'는 '어느 한쪽으로 기울거나 굽거나 잘못된 것을 바르게 만들다.'의 의미이다.

오답분석
① 붙들어 손에 넣다.
② 권한 따위를 차지하다.
③ 실마리, 요점, 단점 따위를 찾아내거나 알아내다.
④ 담보로 맡다.

05
정답 ⑤

보기의 핵심 내용은 맹장이라도 길 찾기가 중요하다는 것이다. (마)의 앞 문장에서는 '길을 잃어버리는 것'을 '전체의 핵심을 잡지 못하는 것'으로 비유하였다. 또한, (마)의 뒤 문장에서도 요점과 핵심의 중요성을 강조하고 있으므로 보기는 (마)에 위치해야 한다.

06
정답 ④

개별적인 인간 정신의 상호 작용으로 산출되는 집단정신의 산물인 '객관적 정신'으로 이해의 객관성을 확보할 수 있으므로 자신과 타인을 이해하는 공통의 기반이 될 수 있다.

오답분석
① 객관적 정신은 삶의 공통성을 기반으로 하기 때문에 상반된 인식의 차이를 부각하지 않는다.
② 객관적 정신은 인간의 행위를 이해하는 이해의 방법론에서 객관성을 확보하기 위해 내세운 것이지만 그 과정에 순서가 부여되지는 않는다.
③ 서로 다른 공동체에 속해 있거나 서로 다른 시대에 살고 있다면 객관적 정신을 완전히 보장하기 어렵다.
⑤ 객관적 정신은 집단정신의 산물이다.

07
정답 ③

설명이 이해를 완전히 대체하지 못하는 이유는 인간의 정신세계에 속하는 의도는 자연처럼 관찰이나 실험으로 보편 법칙을 파악하기 어렵기 때문이다.

오답분석

ㄱ. 설명이 이해를 완전히 대체하지 못하는 이유는 타인의 행위에 담긴 의도를 이해하더라도 그런 의도가 생긴 원인까지 알기는 어렵기 때문이다.

ㄹ. 행위에 담긴 의도가 무엇인지를 파악하는 것보다 그런 의도가 왜 생겨났는가를 묻는 것이 더 의미 있는 질문이라고 생각한 학자들은 설명이 이해를 완전히 대체할 수 있다고 생각했다.

08
정답 ②

제시문에서 당분 과다로 뇌의 화학적 균형이 무너져 정신에 장애가 왔다고 주장한 것과 정제한 당의 섭취를 원천적으로 차단한 실험 결과를 토대로 추론하면 '과다한 정제당 섭취가 반사회적 행동을 유발할 수 있다는 것을 알 수 있다.'라는 결론을 얻을 수 있다.

09
정답 ④

제시문은 온난화 기체 저감을 위한 습지 건설 기술에 대한 내용으로, (나) 인공 습지 개발의 가정 → (다) 그에 따른 기술적 성과 → (가) 개발 기술의 활용 → (라) 기술 이전에 따른 기대 효과 순서로 이어지는 것이 자연스럽다.

10
정답 ⑤

에피쿠로스의 주장에 따르면 신은 인간사에 개입하지 않으며, 육체와 영혼은 함께 소멸되므로 사후에 신의 심판도 받지 않는다. 그러므로 인간은 사후의 심판을 두려워할 필요가 없고, 이로 인해 죽음에 대한 모든 두려움에서 벗어날 수 있다고 주장한다. 따라서 이러한 주장에 대한 반박으로 ⑤가 가장 적절하다.

11
정답 ③

이륜차와 관련된 교통사고는 $29+11=40\%$로 $2,500\times0.4=1,000$건이며, 30대 이하 가해자는 $38+21=59\%$로 $2,500\times0.59=1,475$명이므로 $\frac{1,000}{1,475}\times100≒67.8\%$이다.

오답분석

① 60대 이상의 비율은 $100-(38+21+11+8)=22\%$로, 30대보다 높다.

② 사륜차와 사륜차 교통사고 사망건수는 $2,500\times0.42\times0.32=336$건이고, 20대 가해자 수는 $2,500\times0.38=950$명으로, $\frac{336}{950}\times100≒35.4\%$로 35% 이상이다.

④ 보행자와 관련된 교통사고는 $18+11=29\%$로 $2,500\times0.29=725$건이며, 그중 40%가 사망사건이라고 했으므로 사망건수는 $725\times0.4=290$건이다. 이때, 사륜차와 사륜차의 교통사고 사망건수는 336건이므로 보행자와 관련된 교통사고 사망건수보다 많다.

⑤ 사륜차와 이륜차 교통사고 사상자 수는 $2,500\times0.29=725$명이고, 이 중 사망자의 비율은 68%이므로 사망건수는 $725\times0.68=493$건이다. 따라서 사륜차와 사륜차 교통사고 사망건수인 336건보다 많다.

12
정답 ⑤

이륜차 또는 보행자와 관련된 교통사고는 $29+18+11=58\%$로 $2,500\times0.58=1,450$건이다. 이 중 20%의 가해자가 20대라고 했으므로 $1,450\times0.2=290$건이다. 전체 교통사고 중 20대 가해건수는 $2,500\times0.38=950$건이므로, 이륜차 또는 보행자와 관련된 교통사고 중 20대 가해자는 전체 교통사고 20대 가해자의 $\frac{290}{950}\times100≒30\%$를 차지한다.

13
정답 ②

영국은 2023년 1분기에는 2022년보다 고용률이 하락했고, 2023년 2분기에는 1분기 고용률이 유지되었다.

오답분석

① 프랑스와 한국의 2024년 1분기와 2분기의 고용률은 변하지 않았다.

③ 2024년 1분기 고용률이 가장 높은 국가는 독일이고, 가장 낮은 국가는 프랑스이다. 두 국가의 고용률의 차는 $74.4-64.2=10.2\%$p이다.

④ 자료를 통해 확인할 수 있다.

⑤ • 2023년 2분기 OECD 평균 고용률 : 66.1%
 • 2024년 2분기 OECD 평균 고용률 : 66.9%
 ∴ 2024년 2분기 OECD 평균 고용률의 작년 동기 대비 증가율
  : $\frac{66.9-66.1}{66.1}\times100≒1.21\%$
 • 2024년 1분기 OECD 평균 고용률 : 66.8%
 ∴ 2024년 2분기 OECD 평균 고용률의 직전 분기 대비 증가율
  : $\frac{66.9-66.8}{66.8}\times100≒0.15\%$

14
정답 ⑤

전체 5명에서 두 명을 선출하는 방법은 $_5C_2=\frac{5\times4}{2}=10$가지이고, 여자 3명 중에서 2명이 선출될 경우는 $_3C_2=\frac{3\times2}{2}=3$가지이다. 따라서 대표가 모두 여자로 뽑힐 확률은 $\frac{3}{10}$이다.

15

아시아의 소비실적이 2000년에 1,588Moe이었으므로 3배 이상이 되려면 4,764Moe 이상이 되어야 한다.

오답분석

②·④·⑤ 제시된 자료를 통해 알 수 있다.

③ 2000년 중국과 인도의 에너지 소비실적 합의 비중은

$\dfrac{879+317}{8,782}\times100 \fallingdotseq 13.6\%$이다.

16

정답 ④

1층에서 16층까지는 15층 차이이므로 기압은 0.2×15＝3kPa 떨어진다. 따라서 16층의 기압은 200−3＝197kPa이다.

17

정답 ②

오답분석

ㄱ. (다)의 경우 3 다음에 9가 연이어 왔으므로 옳지 않다.

ㄹ. (가)의 경우 3 다음에 6이 연이어 왔으므로 옳지 않다.

18

정답 ②

500mL 물과 2L 음료수의 개수를 각각 x개, y개라 하면, $x+y$ ＝330이고, 500mL 물은 1인당 1개, 2L 음료수는 5인당 1개가 지급되므로 $y=\dfrac{1}{5}x$이다. 그러므로 다음 식이 성립한다.

$\dfrac{6}{5}x=330$

→ $6x=1,650$

∴ $x=275$

500mL 물은 1인당 1개 지급하므로 직원의 인원수와 같다. 따라서 야유회에 참가한 직원은 275명이다.

19

정답 ②

레스토랑별 통신사 할인 혜택 예상금액을 정리하면 다음과 같다.

구분	A통신사	B통신사	C통신사
A 레스토랑	143,300−5,000 ＝138,300원	143,300×0.85 ≒121,800원	143,300−14,300 ＝129,000원
B 레스토랑	165,000원	165,000×0.8 ＝132,000원	65,000×0.7 +100,000 ＝145,500원
C 레스토랑	174,500−26,100 ＝148,400원	124,500×0.9 +50,000 ＝162,050원	174,500×0.7 ＝122,150원

따라서 K씨의 가족은 A레스토랑에서 B통신사 15% 할인을 받았을 때 121,800원으로 가장 저렴하게 식사할 수 있다.

20

정답 ②

남녀 국회의원의 여야별 SNS 이용자 구성비 중 여자의 경우 여당은 (22÷38)×100 ≒57.9%이고, 야당은 (16÷38)×100 ≒42.1%이므로 옳지 않은 그래프이다.

21

정답 ⑤

- 두 번째 요건에 따라 1,500m²에 2대를 설치해야 하므로 발전기 1기당 필요면적이 750m²를 초과하는 D발전기는 제외한다.
- 세 번째 요건에 따라 에너지 발전단가가 97.5원/kWh를 초과하는 C발전기는 제외한다.
- 네 번째 요건에 따라 탄소배출량이 91g/kWh로 가장 많은 B발전기는 제외한다.
- 다섯 번째 요건에 따라 발전기 1기당 중량이 3,600kg인 A발전기는 제외한다.

따라서 후보 발전기 중 설치될 발전기는 E발전기이다.

22

정답 ④

행사장 방문객은 시계 반대 방향으로 돌면서 전시관을 관람한다. 400명의 방문객이 출입하여 제1전시관에서 100명이 관람한다면 나머지 300명은 관람하지 않고 지나치게 된다. 따라서 A지역에서 홍보판촉물을 나눠줄 수 있는 대상자가 300명이 된다. 그리고 B지역은 A지역을 걸쳐서 오는 300명과 제1전시관을 관람하고 나온 100명의 인원이 합쳐지는 장소이므로 총 400명을 대상으로 홍보판촉물을 나눠줄 수 있다. 이러한 개념으로 모든 지역을 고려해 보면 각 전시관의 출입구가 합류되는 B·D·F지역에서 가장 많은 사람들에게 홍보판촉물을 나눠줄 수 있다.

23

정답 ③

황아영의 총점은 85+82+90＝257점이며, 성수민이 언어와 수리영역에서 획득한 점수는 각각 93점과 88점으로 총 181점이다. 따라서 황아영보다 높은 총점을 기록하기 위해서는 257−181 ＝76점을 초과하여 획득해야 한다. 이때, 점수는 1점 단위라고 하였으므로 77점 이상이어야 한다.

24

정답 ⑤

제시된 자료만으로는 박지호보다 김진원의 총점이 더 높은지 확인할 수 없다.

오답분석

① 언어와 수리 영역 점수의 합은 하정은이 94+90＝184점으로 가장 높다. 이때, 김진원의 수리 영역 점수는 알 수 없지만 76점 미만이므로 166점 미만이다. 또한, 신민경 역시 언어 영역 점수를 알 수 없지만 85점 미만이므로 176점 미만이다. 따라서 하정은보다 점수가 낮다.

② 하정은의 총점은 94+90+84＝268점이며, 양현아의 총점은 88+76+97＝261점이다. 268×0.95＝254.6점이므로, 양현

아는 하정은의 총점의 95% 이상을 획득했다.
③ 신민경은 수리와 인성 영역에서 각각 91점과 88점을 획득하였
고, 언어 영역에서 얻을 수 있는 최고점은 84점이므로 획득 가
능한 총점의 최댓값은 263점이다.
④ 김진원의 언어 영역 점수는 90점이고, 수리와 인성 영역에서
얻을 수 있는 최고점은 각각 75점, 83점이므로 김진원이 획득
할 수 있는 총점의 최댓값은 248점이다.

25 　　　　　　　　　　　　　　정답 ④

B동에 사는 변학도씨는 매주 월요일·화요일 오전 8시부터 오후
3시까지 하는 카페 아르바이트로 화 ~ 금요일 오전 9시 30분부터
낮 12시까지 진행되는 '그래픽 편집 달인되기'를 수강할 수 없다.

26 　　　　　　　　　　　　　　정답 ⑤

각 운전자의 운동량을 계산해 보면 다음과 같다.
• 갑 : $1.4 \times 2 = 2.8$
• 을 : $1.2 \times 2 \times 0.8 = 1.92$
• 병 : $2 \times 1.5 = 3$
• 정 : $(2 \times 0.8) + (1 \times 1.5) = 3.1$
• 무 : $(0.8 \times 2 \times 0.8) + 1.2 = 2.48$
따라서 5명의 운전자를 운동량이 많은 순서대로 나열하면 정>병
>갑>무>을이다.

27 　　　　　　　　　　　　　　정답 ④

C부장은 목적지까지 3시간 내로 이동하여야 한다. 택시를 타고
대전역까지 15분, 열차 대기 15분, KTX / 새마을호 이동시간 2시
간, 환승 10분, 목포역에서 물류창고까지 택시로 20분이 소요되
어 총 3시간이 걸리므로 적절하다. 또한, 비용은 택시 6,000원,
KTX 20,000원, 새마을호 14,000원, 택시 9,000원으로 총 49,000원
이며 출장지원 교통비 한도 이내이므로 적절하다.

오답분석

①·②·⑤ 이동시간이 3시간이 넘어가므로 적절하지 않다.
③ 이동시간은 3시간 이내이지만, 출장지원 교통비 한도를 넘기
때문에 적절하지 않다.

28 　　　　　　　　　　　　　　정답 ③

TRIZ 이론(창의적 문제해결이론)은 문제가 발생한 근본 모순을 찾
아내 해결하는 방법을 모색하는 것으로, 발견은 해당되지 않는다.

오답분석

① 자전거 헬멧을 여러 구간으로 납작하게 접을 수 있는 접이식
헬멧은 TRIZ 40가지 이론 중 분할에 해당된다.
② 자동으로 신발 끈이 조여지는 운동화는 TRIZ 40가지 이론 중
셀프서비스에 해당된다.
④ 회전에 제약이 없는 구형 타이어는 TRIZ 40가지 이론 중 곡선
화에 해당된다.

⑤ 줄 없이 운동할 수 있는 줄 없는 줄넘기는 TRIZ 40가지 이론
중 기계시스템의 대체에 해당된다.

29 　　　　　　　　　　　　　　정답 ③

문제해결을 위한 방법으로 소프트 어프로치, 하드 어프로치, 퍼실
리테이션(Facilitation)이 있다. 그중 마케팅 부장은 연구소 소장
과 기획팀 부장 사이에서 의사결정에 서로 공감할 수 있도록 도와
주는 일을 하고 있다. 또한, 상대의 입장에서 공감을 해주며, 서로
타협점을 좁혀 생산적인 결과를 도출할 수 있도록 대화를 하고 있
다. 따라서 마케팅 부장이 취하고 있는 문제해결 방법은 퍼실리테
이션이다.

오답분석

① 소프트 어프로치 : 대부분의 기업에서 볼 수 있는 전형적인 스
타일로, 조직 구성원들은 같은 문화적 토양으로 가지고 이심전
심으로 서로를 이해하려 하며, 직접적인 표현보다 무언가를 시
사하거나 암시를 통한 의사전달로 문제를 해결하는 방법이다.
② 하드 어프로치 : 다른 문화적 토양을 가지고 있는 구성원을 가
정하고, 서로의 생각을 직설적으로 주장하며 논쟁이나 협상을
하는 방법으로, 사실과 원칙에 근거한 토론이다.
④ 비판적 사고 : 어떤 주제나 주장 등에 대해 적극적으로 분석하
고 종합하며 평가하는 능동적인 사고로, 어떤 논증, 추론, 증
거, 가치를 표현한 사례를 타당한 것으로 받아들일 것인지 결
정을 내릴 때 요구되는 사고력이다.
⑤ 창의적 사고 : 당면한 문제를 해결하기 위해 이미 알고 있는
경험과 지식을 해체하여 다시 새로운 정보로 결합함으로써 가
치 있고 참신한 아이디어를 산출하는 사고이다.

30 　　　　　　　　　　　　　　정답 ③

K회사는 기존 커피믹스가 잘 팔리고 있어 새로운 것에 도전하지
않는 것으로 보인다. 또한, 기존에 가지고 있는 커피를 기준으로
틀에 갇혀 블랙커피 커피믹스는 만들기 어렵다는 부정적인 시선으
로 보고 있기 때문에 '발상의 전환'이 필요하다.

오답분석

① 전략적 사고 : 지금 당면하고 있는 문제와 해결 방법에만 국한
되어 있지 말고, 상위 시스템 및 다른 문제와 관련이 있는지
생각해 봐야 한다.
② 분석적 사고 : 전체를 각각의 요소로 나누어 그 요소의 의미를
도출한 다음 우선순위를 부여하고 구체적인 문제해결 방법을
실행하는 것이다.
④ 내·외부자원의 효과적 활용 : 문제해결 시 기술·재료·방법·
사람 등 필요한 자원 확보 계획을 수립하고, 내·외부자원을
활용하는 것을 말한다.
⑤ 성과지향 사고 : 분석적 사고의 하나로, 기대하는 결과를 명시
하고 효과적으로 달성하는 방법을 사전에 구상하고 실행에 옮
기는 것이다.

31 정답 ③

오답분석
① 5일에 공사 단합대회 행사가 있으므로 명절선물세트 홍보행사를 진행할 수 없다.
② 10일부터 12일까지 수소에너지 홍보행사가 있으므로 명절선물세트 홍보행사를 진행할 수 없다.
④ 21일에 에너지 안전 홍보행사가 있으므로 명절선물세트 홍보행사를 진행할 수 없다.
⑤ 명절선물세트 홍보행사는 설 연휴 이전에 마쳐야 하므로 적절하지 않다.

32 정답 ②

7~9일에는 행사가 없으므로 8일에 진급공고를 게시할 수 있다.

오답분석
① 공사 단합대회 다음날이므로 진급공고를 게시할 수 없다.
③ 명절선물세트 홍보기간이므로 진급공고를 게시할 수 없다.
④ 설 연휴 전날이므로 진급공고를 게시할 수 없다.
⑤ 대체공휴일 다음날이므로 진급공고를 게시할 수 없다.

33 정답 ①

7일은 다른 직원들과 연차가 겹치지 않고, 행사도 없는 날짜이다.

오답분석
② 수소에너지 홍보행사가 있으므로 연차를 쓸 수 없다.
③ 명절선물세트 홍보행사가 있으므로 연차를 쓸 수 없다.
④·⑤ 설 연휴를 포함하는 주 이전에 연차를 사용해야 한다.

34 정답 ⑤

비용이 17억 원 이하인 업체는 A, D, E, F이며, 이 중 1차로 선정할 업체를 구하기 위해 가중치를 적용한 점수는 다음과 같다.
- A : $(18 \times 1) + (11 \times 2) = 40$점
- D : $(16 \times 1) + (12 \times 2) = 40$점
- E : $(13 \times 1) + (10 \times 2) = 33$점
- F : $(16 \times 1) + (14 \times 2) = 44$점

따라서 1차로 선정될 3개 업체는 A, D, F이며, 이 중 친환경소재 점수가 가장 높은 업체인 F가 최종 선정된다.

35 정답 ⑤

비용이 17억 2천만 원 이하인 업체는 A, C, D, E, F이며, 이 중 1차로 선정할 업체를 구하기 위해 가중치를 적용한 점수는 다음과 같다.
- A : $(11 \times 3) + (15 \times 2) = 63$점
- C : $(13 \times 3) + (13 \times 2) = 65$점
- D : $(12 \times 3) + (14 \times 2) = 64$점
- E : $(10 \times 3) + (17 \times 2) = 64$점
- F : $(14 \times 3) + (16 \times 2) = 74$점

따라서 1차 선정될 업체는 C와 F이며, 이 중 입찰 비용이 더 낮은 업체인 F가 최종 선정된다.

36 정답 ③

사용 부서의 수(5부서)가 가장 많은 메모지와 종이컵부터 구매한다(메모지 $800 \times 5 = 4,000$원, 종이컵 $10,000 \times 8 = 80,000$원). 다음으로는 현재 재고가 없는 지우개와 연필부터 구매한다(지우개 $500 \times 3 = 1,500$원, 연필 $400 \times 15 = 6,000$원). 현재까지 구매 금액은 91,500원이므로 더 구매할 수 있는 금액의 한도는 $100,000 - 91,500 = 8,500$원이다. 나머지 비품 중 수정테이프를 구매할 경우의 금액은 $1,500 \times 7 = 10,500$원이고, 볼펜을 구매할 경우의 금액은 $1,000 \times 4 = 4,000$원이다. 따라서 수정테이프는 구매할 수 없고, 볼펜 구매는 가능하므로 구매할 비품들은 메모지, 볼펜, 종이컵, 지우개, 연필임을 알 수 있다.

37 정답 ③

밴쿠버 지사에 메일이 도착한 시각은 4월 22일 오전 12시 15분이지만, 업무 시간이 아니므로 메일을 읽을 수 없다. 따라서 밴쿠버 지사에서 가장 빠르게 메일을 읽을 수 있는 시각은 전력 점검이 끝난 4월 22일 오전 10시 15분이다. 모스크바는 밴쿠버와 10시간의 시차가 있으므로 이때의 모스크바 현지 시각은 4월 22일 오후 8시 15분이다.

38 정답 ③

B사원의 대화 내용을 살펴보면, 16:00부터 사내 정기 강연으로 2시간 정도 소요된다는 것을 알 수 있다. 또한, B사원은 강연 준비로 30분 정도 더 일찍 나서야 한다. 따라서 15:30부터는 가용할 시간이 없다. 그리고 기획안 작성업무는 두 시간 정도 걸릴 것으로 예상하는데, A팀장이 먼저 기획안부터 마무리 짓자고 하였으므로 11:00부터 업무를 시작할 것이다. 이때 중간에 점심시간이 있으므로 기획안 업무는 14:00에 완료될 것이다. 따라서 A팀장과 B사원 모두 여유가 되는 시간대는 14:00~15:30이므로 ③이 가장 적절하다.

39
정답 ⑤

완성품 납품 수량은 총 100개이다. 완성품 1개당 부품 A는 10개가 필요하므로 총 1,000개가 필요하고, B는 300개, C는 500개가 필요하다. 따라서 A는 500개, B는 120개, C는 250개의 재고를 가지고 있으므로 부족한 나머지 부품, 즉 각 500개, 180개, 250개를 주문해야 한다.

40
정답 ④

A ~ E씨의 진료 날짜를 2025년 1월 이후를 기준으로 구분한 후, 현행 본인부담금 제도와 개선된 본인부담금 제도를 적용하여 본인부담금을 계산하면 다음과 같다.
- A씨 : 17,000×0.3(∵ 현행)=5,100원
- B씨 : 1,500원(∵ 진료비 1만 5천 원 이하)
- C씨 : 23,000×0.2(∵ 개선)=4,600원
- D씨 : 24,000×0.3(∵ 현행)=7,200원
- E씨 : 27,000×0.3(∵ 개선)=8,100원

따라서 5,100+1,500+4,600+7,200+8,100=26,500원이다.

41
정답 ①

SUMPRODUCT 함수는 배열 또는 범위의 대응되는 값끼리 곱해서 그 합을 구하는 함수이다. 「=SUMPRODUCT(B4:B10,C4:C10, D4:D10)」은 (B4×C4×D4)+(B5×C5×D5)+ …… +(B10×C10×D10)의 값으로 나타난다. 따라서 (가) 셀에 나타나는 값은 2,610이다.

42
정답 ①

인쇄 영역에 포함된 도형, 차트 등의 개체는 기본적으로 인쇄된다.

43
정답 ③

PROPER 함수는 단어의 첫 글자만 대문자로 나타내고 나머지는 소문자로 나타내는 함수이다. 따라서 'Republic Of Korea'로 나와야 한다.

44
정답 ④

POWER 함수는 밑수를 지정한 만큼 거듭제곱한 결과를 나타내는 함수이다. 따라서 6^3=216이 옳다.

오답분석

① ODD 함수는 주어진 수에서 가장 가까운 홀수로 변환해 주는 함수이며, 양수인 경우 올림하고 음수인 경우 내림한다.
② EVEN 함수는 주어진 수에서 가장 가까운 짝수로 변환해 주는 함수이며, 양수인 경우 올림하고 음수인 경우 내림한다.

③ MOD 함수는 나눗셈의 나머지를 구하는 함수이다. 40을 −6으로 나눈 나머지는 −2이다.
⑤ QUOTIENT 함수는 나눗셈 몫의 정수 부분을 구하는 함수이다. 19를 6으로 나눈 몫의 정수는 3이다.

45
정답 ③

(가) 영어점수가 평균을 초과하는 것을 추출할 때는 AVERAGE 함수의 범위에 반드시 절대참조가 들어가야 한다.
(나) 성명의 두 번째 문자가 '영'인 데이터를 추출해야 하므로 '?영*'이 되어야 한다.

46
정답 ②

TCP / IP(Transmission Control Protocol / Internet Protocol)는 컴퓨터 간의 통신을 위해 미국 국방부에서 개발한 통신 프로토콜로, 취약한 보안 기능과 IP주소 부족에도 불구하고 TCP와 IP를 조합하여 인터넷 표준 프로토콜로 사용되고 있다.

47
정답 ②

오답분석

① 피싱(Phishing) : 금융기관 등의 웹사이트나 거기서 보내온 메일로 위장하여 개인의 인증번호나 신용카드번호, 계좌정보 등을 빼내 이를 불법적으로 이용하는 사기수법이다.
③ 스미싱(Smishing) : 휴대폰 사용자에게 웹사이트 링크를 포함하는 문자메시지를 보내 휴대폰 사용자가 웹사이트에 접속하면 트로이목마를 주입해 휴대폰을 통제하며 개인정보를 빼내는 범죄 유형이다.
④ 스누핑(Snooping) : 소프트웨어 프로그램(스누퍼)을 이용하여 원격으로 다른 컴퓨터의 정보를 엿볼 수 있어, 개인적인 메신저 내용, 로그인 정보, 전자 우편 등의 정보를 몰래 획득하는 범죄 유형이다.
⑤ 스푸핑(Spoofing) : 승인받은 사용자인 것처럼 시스템에 접근하거나 네트워크상에서 허가된 주소로 가장하여 접근 제어를 우회하는 범죄 유형이다.

48
정답 ③

하이퍼링크(Hyperlink)는 다른 문서로 연결하는 HTML로 구성된 링크로, 외부 데이터를 가져오기 위해 사용하는 기능은 아니다.

오답분석

① [데이터] → [외부 데이터 가져오기] → [기타 원본에서] → [데이터 연결 마법사]
② [데이터] → [외부 데이터 가져오기] → [기타 원본에서] → [Microsoft Query]
④ [데이터] → [외부 데이터 가져오기] → [웹]
⑤ [데이터] → [외부 데이터 가져오기] → [텍스트]

49

LEFT(데이터가 있는 셀 번호,왼쪽을 기준으로 가져올 자릿수)이기 때문에 주민등록번호가 있는 [C2] 셀을 선택하고 왼쪽을 기준으로 생년월일은 6자리이므로 「=LEFT(C2,6)」가 옳다.

50

[E2:E7]은 평균점수를 소수점 둘째 자리에서 반올림한 값이다. 따라서 [E2] 셀에 「=ROUND(D2,1)」를 넣고 채우기 핸들을 드래 그하면 표와 같은 값을 구할 수 있다.

오답분석

② INT : 정수부분을 제외한 소수부분을 모두 버림하는 함수이다.
③ TRUNC : 원하는 자릿수에서 버림하는 함수이다.
④ COUNTIF : 조건에 맞는 셀의 개수를 구하는 함수이다.
⑤ ABS : 절대값을 구하는 함수이다.

2일 차 기출응용 모의고사 정답 및 해설

01	02	03	04	05	06	07	08	09	10
④	④	④	②	③	④	④	④	③	⑤
11	12	13	14	15	16	17	18	19	20
④	①	②	③	③	③	③	③	③	②
21	22	23	24	25	26	27	28	29	30
④	③	⑤	②	⑤	②	②	④	③	①
31	32	33	34	35	36	37	38	39	40
②	③	②	④	③	③	③	③	②	③
41	42	43	44	45	46	47	48	49	50
⑤	③	②	①	②	③	①	③	③	①

01
정답 ④

제시문에서는 마이크로비드는 '면역체계 교란, 중추신경계 손상 등의 원인이 되는 잔류성유기오염물질을 흡착한다.'고 설명하고 있다.

02
정답 ④

제시문에서는 드론이 개인의 정보 수집과 활용에 대한 사전 동의 없이도 개인 정보를 저장할 수 있어 사생활 침해 위험이 높으므로 '사전 규제' 방식을 적용해야 한다고 주장한다. 따라서 이러한 주장에 대한 반박으로는 개인 정보의 복제, 유포, 위조에 대해 엄격한 책임을 묻는다면 사전 규제 없이도 개인 정보를 보호할 수 있다는 ④가 가장 적절하다.

03
정답 ④

제시문과 ④의 '걸다'는 '목숨 명예 따위를 담보로 삼거나 희생할 각오를 하다.'의 의미이다.

오답분석

① 다리를 움직여 바닥에서 발을 번갈아 떼어 옮기다.
② 긴급하게 명령하거나 요청하다.
③ 벽이나 못 따위에 어떤 물체를 떨어지지 않도록 매달아 올려 놓다.
⑤ 다른 사람을 향해 먼저 어떤 행동을 하다.

04
정답 ②

• 총체 : 있는 것들을 모두 하나로 합친 전부 또는 전체
• 개체 : 전체나 집단에 상대하여 하나하나의 낱개

오답분석

① 전체 : 개개 또는 부분의 집합으로 구성된 것을 몰아서 하나의 대상으로 삼는 경우에 바로 그 대상
③ 별개 : 관련성이 없이 서로 다름
④ 유별 : 다름이 있음
⑤ 일반 : 특별하지 않은 평범한 수준이나 그러한 사람들

05
정답 ③

제시문의 네 번째 문단에서 '그러나 사무엘 빙이 아르 누보를 창안한 것은 아니었다.'를 통해 사무엘 빙이 아르 누보를 창안한 것이 아님을 알 수 있다.

06
정답 ④

제시문은 유교 사상의 입장에서 자연과 인간의 관계에 대해 설명한 다음, 완전한 존재인 자연을 인간이 본받아야 할 것임을 언급하고 있다. 따라서 유교에서 말하는 자연과 인간의 관계에서 볼 때 인간은 자연의 일부이므로 자연과 인간은 대립이 아니라 공존해야 한다는 요지를 표제와 부제에 담아야 한다. ④는 부제가 본문의 내용을 어느 정도 담고 있으나 표제가 중심 내용을 드러내지 못하고 있다.

07
정답 ④

제시문은 현대 건축가 르 코르뷔지에의 업적에 대해 설명하고 있다. 따라서 (라) 현대 건축의 거장으로 불리는 르 코르뷔지에에 대한 소개 → (가) 르 코르뷔지에가 만든 도미노 이론의 정의 → (다) 도미노 이론에 대한 설명 → (나) 도미노 이론의 연구와 적용되고 있는 다양한 건물에 대한 설명의 순서로 나열하는 것이 적절하다.

08
정답 ④

'당랑거철(螳螂拒轍)'은 제 역량을 생각하지 않고 강한 상대나 되지 않을 일에 덤벼드는 무모한 행동거지를 비유하는 말로, 댐 건설 사업 공모에 무리하게 참여한 K건설회사를 표현하기에 적절하다.

오답분석

① 각골난망(刻骨難忘) : 은혜를 입은 고마움이 뼈에 깊이 새겨져 잊히지 않는다는 것이다.
② 난공불락(難攻不落) : 공격하기에 어려울 뿐 아니라 결코 함락되지 않음을 뜻한다.
③ 빈천지교(貧賤之交) : 가난하고 어려울 때 사귄 사이 또는 벗
⑤ 파죽지세(破竹之勢) : 대나무를 쪼개는 기세라는 뜻으로, 세력이 강대하여 대적을 거침없이 물리치고 쳐들어가는 기세이다.

09
정답 ③

차로 유지기능을 작동했을 때 운전자가 직접 운전을 해야 했던 레벨 2와 달리 레벨 3은 운전자가 직접 운전하지 않아도 긴급 상황에 대응할 수 있는 자동 차로 유지기능이 탑재되어 있다. 이러한 레벨 3 안전기준이 도입된다면, 지정된 영역 내에서 운전자가 직접 운전하지 않고도 주행이 가능해질 것이다. 따라서 빈칸에 들어갈 내용으로는 운전자가 운전대에서 손을 떼고도 자율주행이 가능해진다는 ③이 가장 적절하다.

오답분석

① 레벨 3 부분자율주행차는 운전자 탑승이 확인된 후에만 작동할 수 있다.
②·④ 제시문에서는 레벨 3 부분자율주행차의 자동 차로 유지기능에 대해 이야기하고 있으며, 자동 속도 조절이나 차량 간 거리 유지기능에 대해서는 제시문을 통해 알 수 없다.
⑤ 레벨 2에 대한 설명이다. 레벨 3 부분자율주행차의 자동 차로 유지기능은 운전자가 직접 운전하지 않아도 차선을 유지하고, 긴급 상황에 대응할 수 있다.

10
정답 ⑤

⑩은 결론 부분이므로 '소비자 권익 증진'이라는 문제에 대한 해결책을 포괄적으로 드러내야 한다. 그러나 ⑩의 '소비자 의식 함양'은 '3'의 (2)에서 다룰 수 있는 대책에 불과하다. 따라서 앞에서 논의된 대책을 모두 포괄할 수 있도록 ⑤와 같이 수정하는 것이 적절하다.

오답분석

① ㉠에서 '(1) 실태'는 소비자 권익 침해의 실태를 말한다. 그러나 '소비자 상품 선호도의 변화'는 '소비자 권익 침해 실태'와 관련이 없다.
② ㉡은 '2 – (1) 실태 – ㉯'의 원인에 해당하며 실태와 원인을 관련지어 설명하는 것이 바람직하므로 ㉡을 생략하는 것은 적절하지 않다.
③ ㉢은 '(2) – ㉮'를 해소하기 위한 대책으로 적절하며, '사업자 간 경쟁의 규제'는 '소비자 권익 증진'이라는 주제를 오히려 저해한다.

④ '3 – (3)'은 '2 – (2) – ㉰'라는 원인을 해결할 수 있는 대책으로 적절하며, ㉣을 '소비자 피해 실태 조사를 위한 기구 설치'로 바꾸면 하위 항목인 ㉮와 ㉯를 포괄하지 못하게 된다.

11
정답 ④

• 영훈·성준이는 합격, 홍은이는 탈락할 확률

$: \left(1 - \dfrac{6}{7}\right) \times \dfrac{3}{5} \times \dfrac{1}{2} = \dfrac{1}{7} \times \dfrac{3}{5} \times \dfrac{1}{2} = \dfrac{3}{70}$

• 홍은·성준이는 합격, 영훈이는 탈락할 확률

$: \dfrac{6}{7} \times \left(1 - \dfrac{3}{5}\right) \times \dfrac{1}{2} = \dfrac{6}{7} \times \dfrac{2}{5} \times \dfrac{1}{2} = \dfrac{12}{70}$

• 홍은·영훈이는 합격, 성준이는 탈락할 확률

$: \dfrac{6}{7} \times \dfrac{3}{5} \times \left(1 - \dfrac{1}{2}\right) = \dfrac{6}{7} \times \dfrac{3}{5} \times \dfrac{1}{2} = \dfrac{18}{70}$

즉, 세 사람 중 두 사람이 합격할 확률은 $\dfrac{3}{70} + \dfrac{12}{70} + \dfrac{18}{70} = \dfrac{33}{70}$ 이고, $a = 70$, $b = 33$이다.

$\therefore a + b = 103$

12
정답 ①

A지점에서 B지점까지의 거리를 $5a\text{km}$라 하고, K열차의 처음 속도를 $x\text{km/min}$이라 하면 G열차의 속도는 $(x-3)\text{km/min}$이다.

$\dfrac{5a}{x-3} = \dfrac{4a}{x} + \dfrac{a}{x-5}$

$\rightarrow \dfrac{5}{x-3} = \dfrac{4}{x} + \dfrac{1}{x-5}$

$\rightarrow 5x(x-5) = 4(x-3)(x-5) + x(x-3)$

$\rightarrow 5x^2 - 25x = 4(x^2 - 8x + 15) + x^2 - 3x$

$\rightarrow 10x = 60$

$\therefore x = 6$

따라서 K열차의 처음 출발 속도는 6km/min이다.

13
정답 ②

• 이벤트 이전 가격 : $8,000 \times 46 = 368,000$원
• 이벤트 가격 : $8,000 \times (1 - 0.2) \times 40 + 8,000 \times 6 = 304,000$원
따라서 할인받을 수 있는 금액은 $368,000 - 304,000 = 64,000$원이다.

14
정답 ③

'무응답'을 제외한 9개의 항목 중 2021년에 비해 2023년에 그 구성비가 증가한 항목은 '사업 추진 자금의 부족', '정부의 정책적 지원 미비', '보유 기술력 / 인력 부족', '가격 부담', '사물인터넷 인식 부족' 5개이다. 이는 $\dfrac{5}{9} \times 100 = 55.6\%$이므로 옳은 설명이다.

오답분석

① 2021년에는 '불확실한 시장성', 2023년에는 '정부의 정책적 지원 미비'가 가장 많은 비중을 차지하므로 옳지 않은 설명이다.

② 2021년 대비 2023년에 '사물인터넷 인식 부족'을 애로사항으로 응답한 기업 비율의 증가율은 $5.1-4.2=0.9\%p$이고, '사업 추진 자금의 부족'을 애로사항으로 응답한 기업 비율의 증가율은 $22.4-10.1=12.3\%p$이다. 따라서 '사물인터넷 인식 부족'을 애로사항으로 응답한 기업 비율의 증가율이 더 낮다.

④ 제시된 자료는 비율 자료일 뿐, 해당 항목이 애로사항이라고 응답한 기업의 수는 파악할 수 없다.

⑤ 2023년에 '불확실한 시장성'을 애로사항으로 응답한 기업의 수는 알 수 없지만, 동일한 연도이므로 비율을 이용해 두 항목 간 비교가 가능하다. '불확실한 시장성'을 애로사항으로 응답한 기업의 비율은 10.9%로, '비즈니스 모델 부재'를 애로사항으로 응답한 기업 비율의 80%인 $12.3\times0.8=9.84\%$ 이상이므로 옳지 않은 설명이다.

15   정답 ③

• 진영 : 2021년에 '가격 부담'을 애로사항이라고 응답한 기업의 비율은 5.5%로, 2023년에 '개발 및 도입자금 지원'을 정부 지원 요청사항으로 응답한 기업의 비율의 45%인 $26.5\times0.45\fallingdotseq11.9\%$ 미만이다.

• 준엽 : 제시된 자료는 비율 자료이므로 2021년과 2023년에 조사에 참여한 기업의 수는 알 수 없다.

오답분석

• 지원 : 동일한 연도 내이므로 기업의 수는 알 수 없어도 비율을 이용해 비교가 가능하다. 2023년에 정부 지원 요청사항에 대해 '도입 시 세제 / 법제도 지원'이라고 응답한 기업의 비율은 15.5%로, '기술 인력 양성 지원 확대'라고 응답한 기업의 수보다 30% 더 많은 $10.5\times1.3\fallingdotseq13.7\%$ 이상이므로 옳은 설명이다.

16   정답 ③

제품별 밀 소비량 그래프에서 라면류와 빵류의 밀 사용량의 10%는 각각 6.6톤, 6.4톤이다. 따라서 과자류에 사용될 밀 소비량은 총 $42+6.6+6.4=55$톤이다.

17   정답 ③

A ~ D과자 중 가장 많이 밀을 사용하는 과자는 45%를 사용하는 D과자이고, 가장 적게 사용하는 과자는 15%인 C과자이다. 따라서 두 과자의 밀 사용량 차이는 $42\times(0.45-0.15)=12.6$톤이다.

18   정답 ③

먼저, 각 테이블의 메뉴구성을 살펴보면 전체 메뉴는 5가지이며 2그릇씩 주문이 되었다는 것을 알 수 있다. 즉, 1번부터 5번까지의 주문 총액을 2로 나누어주면 전체 메뉴의 총합을 알 수 있다는 것이다. 실제로 구해보면 테이블 1 ~ 5까지의 총합은 90,000원이며 이것을 2로 나눈 45,000원이 전체 메뉴의 총합이 됨을 알 수 있다.

여기서 테이블 1부터 3까지만 따로 떼어놓고 본다면 다른 것은 모두 한 그릇씩이지만 짜장면만 2그릇임을 알 수 있다. 즉, 테이블 1 ~ 3까지의 총합(51,000원)과 45,000원의 차이가 바로 짜장면 한 그릇의 가격이 된다. 따라서 짜장면 1그릇의 가격은 6,000원임을 알 수 있다.

19   정답 ③

남성 합격자 수는 1,003명, 여성 합격자 수는 237명이다. 여성 합격자 수의 5배는 $237\times5=1,185$명이므로 남성 합격자 수는 여성 합격자 수의 5배 미만이다.

오답분석

①・② 제시된 자료를 통해 알 수 있다.

④ 경쟁률$=\dfrac{(\text{지원자 수})}{(\text{모집정원})}\times100$이므로, B집단의 경쟁률은 $\dfrac{585}{370}\times100\fallingdotseq158\%$이다.

⑤ • C집단 남성의 경쟁률 : $\dfrac{417}{269}\times100\fallingdotseq155\%$

• C집단 여성의 경쟁률 : $\dfrac{375}{269}\times100\fallingdotseq139\%$

따라서 C집단에서는 남성의 경쟁률이 여성의 경쟁률보다 높다.

20   정답 ②

㉠ 근로자가 총 90명이고 전체에게 지급된 임금의 총액이 2억 원이므로 근로자당 평균 월 급여액은 $\dfrac{2\text{억 원}}{90\text{명}}\fallingdotseq222$만 원이다.

따라서 평균 월 급여액은 230만 원 이하이다.

㉡ 월 210만 원 이상의 급여를 받는 근로자 수는 $26+12+8+4=50$명이다. 따라서 총 90명의 절반인 45명보다 많다.

오답분석

㉢ 월 180만 원 미만의 급여를 받는 근로자 수는 $6+4=10$명이다. 따라서 전체에서 $\dfrac{10}{90}\fallingdotseq11\%$의 비율을 차지하고 있으므로 옳지 않은 설명이다.

㉣ '월 240만 원 이상 월 270만 원 미만'의 구간에서 월 250만 원 이상 받는 근로자의 수는 주어진 자료만으로는 확인할 수 없다. 따라서 옳지 않은 설명이다.

21
정답 ④

대리와 과장이 2박 3일간 부산 출장비로 받을 수 있는 총금액은 다음과 같다.

- 일비 : $(30{,}000 \times 3) + (50{,}000 \times 3) = 240{,}000$원
- 교통비 : $(3{,}200 \times 2) + (121{,}800 \times 2) + 10{,}300 = 260{,}300$원
- 숙박비 : $(120{,}000 \times 2) + (150{,}000 \times 2) = 540{,}000$원
- 식비 : $(8{,}000 \times 3 \times 3) + (10{,}000 \times 3 \times 3) = 162{,}000$원

따라서 총출장비는 $240{,}000 + 260{,}300 + 540{,}000 + 162{,}000 = 1{,}202{,}300$원이다.

22
정답 ③

사원 2명과 대리 1명이 1박 2일간 강릉 출장비로 받을 수 있는 총금액은 다음과 같다.

- 일비 : $(20{,}000 \times 2 \times 2) + (30{,}000 \times 2) = 140{,}000$원
- 교통비 : 0원(∵ 자가용 이용)
- 숙박비 : $(80{,}000 \times 3) = 240{,}000$원
- 식비 : $(6{,}000 \times 3 \times 2 \times 2) + (8{,}000 \times 3 \times 2) = 120{,}000$원

따라서 3명의 총출장비는 $140{,}000 + 240{,}000 + 120{,}000 = 500{,}000$원이다.

23
정답 ⑤

제시된 조건에 따라 1 ~ 5층의 월 전기료는 다음과 같다.

- 1층 : 10×5만$+4 \times 3$만$=62$만 원
- 2층 : 13×5만$+5 \times 3$만$=80$만 원
- 3층 : 15×5만$+7 \times 3$만$=96$만 원
- 4층 : 11×5만$+6 \times 3$만$=73$만 원
- 5층 : 12×5만$+5 \times 3$만$=75$만 원

첫 번째 조건을 충족하지 않는 층은 2·3·5층이고, 조건을 충족하기 위해 2·3·5층에서 각각 구형 에어컨 2대, 5대, 1대를 판매하게 된다. 이때 발생하는 수입은 구형 에어컨의 중고 판매가격 총 10만$\times 8 = 80$만 원이다.

구형 에어컨을 판매하고 난 후 각 층의 구형 에어컨의 개수와 신형 에어컨 개수 및 비율을 구하면 다음과 같다.

구분	1층	2층	3층	4층	5층
구형 에어컨	10대	$13-2$ $=11$대	$15-5$ $=10$대	11대	$12-1$ $=11$대
신형 에어컨	4대	5대	7대	6대	5대
비율	$\dfrac{4}{10}$	$\dfrac{5}{11}$	$\dfrac{7}{10}$	$\dfrac{6}{11}$	$\dfrac{5}{11}$

두 번째 조건에서 비율이 $\dfrac{1}{2}$ 미만인 층은 1·2·5층이고, 조건을 충족하기 위해 신형 에어컨을 1대씩 구입하면, 신형 에어컨 총구입비용은 50만$\times 3 = 150$만 원이 나온다.

따라서 K회사는 150만-80만$=70$만 원의 지출(비용)이 발생한다.

24
정답 ②

각국에서 출발한 직원들이 국내(대한민국)에 도착하는 시간을 계산하기 위해서는 먼저 시차를 구해야 한다. 동일시점에서의 각국의 현지 시각을 살펴보면 국내의 시각이 가장 빠르다는 점을 알 수 있다. 즉, 국내의 현지 시각을 기준으로 각국의 현지 시각을 빼면 시차를 구할 수 있다. 시차는 계산 편의상 24시를 기준으로 한다.

구분	계산식	시차
대한민국 ~ 독일	7일 06:20 - 6일 23:20	7시간
대한민국 ~ 인도	7일 06:20 - 7일 03:50	2시간 30분
대한민국 ~ 미국	7일 06:20 - 6일 17:20	13시간

각국의 직원들이 국내에 도착하는 시간은 출발지 기준 이륙시각에서 비행시간과 시차를 더하여 구할 수 있다. 계산 편의상 24시 기준으로 한다.

구분	계산식	대한민국 도착시각
독일	7일 16:20 + 11:30 + 07:00	8일 10:50
인도	7일 22:10 + 08:30 + 02:30	8일 09:10
미국	7일 07:40 + 14:00 + 13:00	8일 10:40

따라서 인도에서 출발하는 직원이 가장 먼저 도착하고, 미국, 독일 순서로 도착하는 것을 알 수 있다.

25
정답 ⑤

D대리의 청렴도 점수를 a점으로 가정하고, 승진심사 평점 계산식을 세우면 다음과 같다.

$60 \times 0.3 + 70 \times 0.3 + 48 \times 0.25 + a \times 0.15 = 63.6$

$\rightarrow a \times 0.15 = 63.6 - 51$

$\therefore a = \dfrac{12.6}{0.15} = 84$

따라서 D대리의 청렴도 점수는 84점임을 알 수 있다.

26
정답 ②

B과장의 승진심사 평점은 $80 \times 0.3 + 72 \times 0.3 + 78 \times 0.25 + 70 \times 0.15 = 75.6$점이다. 따라서 승진후보에 들기 위해 필요한 점수는 $80 - 75.6 = 4.4$점임을 알 수 있다.

27
정답 ②

경쟁자의 시장 철수로 인한 새로운 시장 진입 가능성은 K공사가 가지고 있는 내부환경의 약점이 아닌 외부환경에서 비롯되는 기회에 해당한다.

28　　정답 ④

첫 번째 규칙에 따라 A설비는 반드시 도입하며, 세 번째 규칙의 대우에 따라 A설비를 도입하면 E설비는 도입하지 않는다. 그러므로 네 번째 규칙에 따라 E설비를 제외한 B · F설비를 반드시 도입하고, 다섯 번째 규칙에 따라 C설비는 도입하지 않는다. D설비의 도입 여부는 규칙에서 알 수 없지만, 최대한 많은 설비를 도입한다는 여섯 번째 규칙에 따라 D설비도 도입한다. 따라서 A · B · D · F설비를 도입한다.

29　　정답 ③

㉠ 각 팀장이 매긴 순위에 대한 가중치는 모두 동일하다고 했으므로 1, 2, 3, 4순위의 가중치를 각각 4, 3, 2, 1점으로 정해 네 사람의 면접점수를 산정하면 다음과 같다.
  • 갑 : 2+4+1+2=9점
  • 을 : 4+3+4+1=12점
  • 병 : 1+1+3+4=9점
  • 정 : 3+2+2+3=10점
면접점수가 높은 을, 정 중 한 명이 입사를 포기하면 갑, 병 중 한 명이 채용된다. 갑과 병의 면접점수는 9점으로 동점이지만, 조건에 따라 인사팀장이 부여한 순위가 높은 갑을 채용하게 된다.
㉢ 경영관리팀장이 갑과 병의 순위를 바꿨을 때, 네 사람의 면접점수를 산정하면 다음과 같다.
  • 갑 : 2+1+1+2=6점
  • 을 : 4+3+4+1=12점
  • 병 : 1+4+3+4=12점
  • 정 : 3+2+2+3=10점
따라서 을과 병이 채용되므로 정은 채용되지 못한다.

오답분석
㉡ 인사팀장이 을과 정의 순위를 바꿨을 때, 네 사람의 면접점수를 산정하면 다음과 같다.
  • 갑 : 2+4+1+2=9점
  • 을 : 3+3+4+1=11점
  • 병 : 1+1+3+4=9점
  • 정 : 4+2+2+3=11점
따라서 을과 정이 채용되므로 갑은 채용되지 못한다.

30　　정답 ①

화상회의 진행 시각(한국 기준 오후 4시 ~ 오후 5시)을 각국 현지 시각으로 변환하면 다음과 같다.
  • 파키스탄 지사(-4시간) : 낮 12시 ~ 오후 1시, 점심시간이므로 회의에 참석 불가능하다.
  • 불가리아 지사(-6시간) : 오전 10시 ~ 오전 11시이므로 회의에 참석 가능하다.
  • 호주 지사(+1시간) : 오후 5시 ~ 오후 6시이므로 회의에 참석 가능하다.
  • 영국 지사(-8시간) : 오전 8시 ~ 오전 9시이므로 회의에 참석 가능하다(시차는 -9시간이지만, 서머타임을 적용한다).
  • 싱가포르 지사(-1시간) : 오후 3시 ~ 오후 4시이므로 회의에 참석 가능하다.
따라서 파키스탄 지사는 화상회의에 참석할 수 없다.

31　　정답 ②

1) K기사가 거쳐야 할 경로는 'A도시 → E도시 → C도시 → A도시'이다. A도시에서 E도시로 바로 갈 수 없으므로 다른 도시를 거쳐야 하는데, 가장 짧은 시간 내에 A도시에서 E도시로 갈 수 있는 경로는 B도시를 경유하는 것이다. 따라서 K기사의 운송경로는 'A도시 → B도시 → E도시 → C도시 → A도시'이며, 이동시간은 1.0+0.5+2.5+0.5=4.5시간이다.
2) P기사는 A도시에서 출발하여 모든 도시를 한 번씩 거친 뒤 다시 A도시로 돌아와야 한다. 해당 조건이 성립하는 운송경로의 경우는 다음과 같다.
  • A도시 → B도시 → D도시 → E도시 → C도시 → A도시
   - 이동시간 : 1.0+1.0+0.5+2.5+0.5=5.5시간
  • A도시 → C도시 → B도시 → E도시 → D도시 → A도시
   - 이동시간 : 0.5+2.0+0.5+0.5+1.5=5시간
따라서 P기사가 운행할 최소 이동시간은 5시간이다.

32　　정답 ③

회의실에 2인용 테이블이 4개 있었고 첫 번째 주문 후 2인용 테이블 4개가 더 생겨 총 8개가 있기 때문에 테이블 하나를 추가로 주문해야 한다. 의자는 회의실에 9개, 창고에 2개, 주문한 1개를 더하면 총 12개로, 5개를 더 주문해야 한다.

33　　정답 ②

유동인구가 가장 많은 마트 앞에는 3월에 게시할 수 없고, 나머지 장소는 설치가 가능하다. 유동인구가 많은 순서대로 살펴보면 공사 본부, 주유소, 우체국, 주민센터 순서이지만, 주유소는 우체국과 유동인구가 20명 이상 차이가 나지 않으므로 게시기간이 더 긴 우체국(30 ~ 31일)에 설치한다. 따라서 안내 현수막을 설치할 장소는 공사 본부와 우체국이다.

34
정답 ④

장소별 설치비용과 게시비용만 산정하면 다음과 같다.

구분	주민센터	공사 본부	우체국	주유소	마트
설치비용	200만 원	300만 원	250만 원	200만 원	300만 원
하루게시비용	10만 원	8만 원	12만 원	12만 원	7만 원
게시기간	16일	21일	10일	9일	24일
합계비용(만 원)	200+(10×16)=360	300+(8×21)=468	250+(12×10)=370	200+(12×9)=308	300+(7×24)=468

따라서 308만 원으로 가장 저렴한 주유소에 설치한다.

35
정답 ③

엘리베이터는 한 번에 최대 세 개 층을 이동할 수 있으며, 올라간 다음에는 반드시 내려와야 한다는 조건에 따라 청원경찰이 최소 시간으로 6층을 순찰하고, 다시 1층으로 돌아올 수 있는 방법은 다음과 같다.

1층 → 3층 → 2층 → 5층 → 4층 → 6층 → 3층 → 4층 → 1층

이때, 이동에만 소요되는 시간은 총 $2+1+3+1+2+3+1+3=16$분이다.

따라서 청원경찰이 6층을 모두 순찰하고 1층으로 돌아오기까지 소요되는 시간은 총 $60(10분×6층)+16=76$분=1시간 16분이다.

36
정답 ③

프로젝트에 소요되는 비용은 인건비와 작업장 사용료로 구성된다. 인건비의 경우 각 작업의 필요 인원은 증원 또는 감원될 수 없으므로, 조절이 불가능하다. 다만, 작업장 사용료는 작업기간이 감소하면 비용이 줄어들 수 있다. 따라서 최단기간으로 프로젝트를 완료하는 데 드는 비용을 산출하면 다음과 같다.

프로젝트	인건비	작업장 사용료
A작업	(10만 원×5명)×10일=500만 원	
B작업	(10만 원×3명)×18일=540만 원	
C작업	(10만 원×5명)×50일=2,500만 원	50만 원×50일=2,500만 원
D작업	(10만 원×2명)×18일=360만 원	
E작업	(10만 원×4명)×16일=640만 원	
합계	4,540만 원	2,500만 원

프로젝트를 완료하는 데 소요되는 최소비용은 7,040만 원이다. 따라서 최소비용은 6천만 원 이상이라고 판단하는 것이 옳다.

오답분석

① 각 작업에서 필요한 인원을 증원하거나 감원할 수 없다. 그러므로 주어진 자료와 같이 각 작업에 필요한 인원만큼 투입된다. 따라서 가장 많은 인원이 투입되는 A작업과 C작업의 필요 인원이 5명이므로 해당 프로젝트를 완료하는 데 필요한 최소 인력은 5명이다.

② 프로젝트를 최단기간으로 완료하기 위해서는 각 작업을 동시에 진행해야 한다. 다만, B작업은 A작업이 완료된 이후에 시작할 수 있고, E작업은 D작업이 완료된 이후에 시작할 수 있다는 점을 고려하여야 한다. C작업은 50일, A+B작업은 28일, D+E작업은 34일이 걸리므로, 프로젝트가 완료되는 최단기간은 50일이다.

④ 프로젝트를 완료할 수 있는 최단기간은 50일이다. C작업은 50일 내내 작업해야 하므로 반드시 5명이 필요하다. 그러나 나머지 작업은 50일을 나누어 진행해도 된다. 먼저 A작업에 5명을 투입한다. 작업이 완료된 후 그들 중 3명은 B작업에, 2명은 D작업에 투입한다. 그리고 B, D작업을 완료한 5명 중 4명만 E작업에 투입한다. 이 경우 작업기간은 10일(A)+18일(B와 D 동시진행)+16일(E)=44일이 걸린다. 따라서 프로젝트를 최단기간에 완료하는 데 투입되는 최소 인력은 10명이다.

⑤ 프로젝트를 완료할 수 있는 최소인원은 5명이다. 먼저 5명이 A작업에 투입되면 10일 동안은 다른 작업을 진행할 수 없다. A작업이 완료되면 5명은 B작업과 D작업으로 나누어 투입된다. 그 다음으로 C작업과 E작업을 순차적으로 진행하면 총 10일(A)+18일(B와 D 동시진행)+50일(C)+16일(E)=94일이 최단기간이 된다.

37
정답 ⑤

• 슬로푸드 선물세트 : $28,000×0.71=19,880 → 19,800$원($\because$ 10원 단위 절사)
 - 마케팅부 주문금액(㉮) : $19,800×13=257,400$원
• 흑삼 에브리진생 : $75,000×0.66=49,500$원
 - 인사부 주문금액(㉯) : $49,500×16=792,000$원
• 한과 선물세트 : $28,000×0.74=20,720 → 20,700$원($\because$ 10원 단위 절사)
 - 기술부 주문금액(㉰) : $20,700×9=186,300$원

따라서 K기업의 주문총액은 $396,000+257,400+384,000+792,000+186,300=2,015,700$원이다.

38
정답 ③

모스크바에 4일 오전 11시에 도착하려면 비행시간이 8시간이므로 모스크바 시각으로 4일 오전 3시에는 출발해야 한다. 모스크바 시각으로 4일 오전 3시는 한국 시각으로 4일 오전 9시이다.

- 역의 개수 : 47개
- 역과 역 사이 구간 : 47−1=46구간
- 당고개에서 오이도까지 걸리는 시간 : 2×46=92분
- ㉮열차의 경우
  - ㉮열차와 오이도행 열차의 출발 시각 차이
    : 6시−5시 40분=20분
  - 오이도행 열차의 6시까지 이동구간의 개수
    : $\frac{20}{2}=10$구간
  - 오이도행 열차의 위치 순번 : 47−10=37번
  - 1번째 역과 37번째 역의 중간역 : (1+37)÷2=19번째 역
- ㉯열차의 경우
  - ㉯열차와 오이도행 열차의 출발 시각 차이
    : 6시 24분−5시 40분=44분
  - 오이도행 열차의 6시 24분까지 이동구간의 개수
    : $\frac{44}{2}=22$구간
  - 오이도행 열차의 위치 순번 : 47−22=25번
  - 1번째 역과 25번째 역의 중간역 : (1+25)÷2=13번째 역
- ㉰열차의 경우
  - ㉰열차와 오이도행 열차의 출발 시각 차이
    : 6시 48분−5시 40분=68분
  - 오이도행 열차의 6시 48분까지 이동구간의 개수
    : $\frac{68}{2}=34$구간
  - 오이도행 열차의 위치 순번 : 47−34=13번
  - 1번째 역과 13번째 역의 중간역 : (1+13)÷2=7번째 역

---

40   정답 ③

한국(A)이 오전 8시일 때, 오스트레일리아(B)는 오전 10시(시차 : +2), 아랍에미리트(C)는 오전 3시(시차 : −5), 러시아(D)는 오전 2시(시차 : −6)이다. 따라서 업무가 시작되는 오전 9시를 기준으로 오스트레일리아는 이미 2시간 전에 업무를 시작했고, 아랍에미리트는 5시간 후, 러시아는 6시간 후에 업무를 시작한다. 이를 표로 정리하면 다음과 같다(색칠한 부분이 업무시간이다).

한국시각 / 국가	7 am	8 am	9 am	10 am	11 am	12 pm	1 pm	2 pm	3 pm	4 pm	5 pm	6 pm
A사 (서울)												
B사 (시드니)												
C사 (두바이)												
D사 (모스크바)												

따라서 화상회의 가능 시각은 한국시간으로 오후 3시 ~ 4시이다.

---

41   정답 ⑤

사용자 지정 형식은 양수, 음수, 0, 텍스트와 같이 4개의 구역으로 구성되며, 각 구역은 세미콜론(;)으로 구분된다. 즉, '양수서식;음수서식;0서식;텍스트서식'으로 정리할 수 있다. 양수는 파란색으로, 음수는 빨간색으로 표현해야 하기 때문에 양수서식에는 [파랑], 음수서식에는 [빨강]을 입력해야 한다. 그리고 표시결과가 그대로 나타나야 하기 때문에 양수는 서식에 '+' 기호를 제외하며, 음수는 서식에 '−' 기호를 붙여준다.

오답분석

① 양수가 빨간색, 음수가 파란색으로 표현되며, 음수의 경우 '−' 기호도 사라진다.
② 양수가 파란색, 음수가 빨간색으로 표현되며, 음수의 경우 '−' 기호도 사라진다.
③ 양수에 '+' 기호가 붙게 된다.
④ 음수에 '−' 기호가 사라진다.

---

42   정답 ③

문자는 숫자와 달리 두개의 셀을 드래그한 뒤 채우기를 했을 때 선택한 값이 반복되어 나타나므로 A가 입력된다.

---

43   정답 ②

도형 선택 후 〈Shift〉 키를 누르고 도형을 회전시키면 15° 간격으로 회전시킬 수 있다.

---

44   정답 ①

시나리오 관리자에 대한 설명이다.

오답분석

② 목표값 찾기 : 수식의 결괏값은 알고 있지만 그 결괏값을 계산하기 위한 입력값을 모를 때, 입력값을 찾기 위해 사용한다.
③ 부분합 : 전체 데이터를 부분(그룹)으로 분류하여 분석한다.
④ 통합 : 동일시트나 다른 여러 시트에 입력된 데이터들을 일정한 기준에 의해 합쳐서 계산한다.
⑤ 데이터 표 : 특정 값의 변화에 따른 결괏값의 변화 과정을 표로 표시한다.

---

45   정답 ②

〈Shift〉+〈F5〉는 현재 슬라이드부터 프레젠테이션을 실행하는 단축키이다.

오답분석

① 〈Ctrl〉+〈S〉 : 저장하기
③ 〈Ctrl〉+〈P〉 : 인쇄하기
④ 〈Shift〉+〈F10〉 : 바로가기 메뉴를 표시
⑤ 〈Ctrl〉+〈M〉 : 새 슬라이드 추가

46

정답 ③

IF함수는 「=IF(조건,조건이 참일 경우,조건이 거짓일 경우)」로 나타낸다. 따라서 ③은 거주지가 '팔달구'이거나 '영통구'이면 '매탄2지점'에, 아니라면 '금곡지점'에 배치하라는 의미이다.

오답분석

① 거주지가 '장안구'이거나 '영통구'이면 '금곡지점'에, 아니라면 '매탄2지점'에 배치하라는 의미이다.

② 거주지가 '팔달구'이거나 '영통구'이면 '금곡지점'에, 아니라면 '매탄2지점'에 배치하라는 의미이다.

④ 거주지가 '팔달구'이면서 '영통구'이면 '매탄2지점'에, 아니라면 '금곡지점'에 배치하라는 의미이다.

⑤ 거주지가 '팔달구'이면서 '영통구'이면 '금곡지점'에, 아니라면 '매탄2지점'에 배치하라는 의미이다.

47

정답 ①

[수식] 탭 – [수식 분석] 그룹 – [수식 표시]를 클릭하면 함수의 결괏값이 아닌 수식 자체가 표시된다.

48

정답 ③

여러 셀에 숫자, 문자 데이터 등을 한 번에 입력하려면 여러 셀이 선택된 상태에서 〈Ctrl〉+〈Enter〉 키를 눌러서 입력해야 한다.

49

정답 ③

• yy : 연도 중 뒤의 2자리만 표시
• mmm : 월을 Jan ~ Dec로 표시
• dd : 일을 01 ~ 31로 표시
따라서 ③은 '25-Jun-24'가 되어야 한다.

50

정답 ①

주어진 메일 내용에서 검색기록 삭제 시 기존에 체크되어 있는 항목 외에도 모든 항목을 체크하라고 되어 있으나, '즐겨찾기 웹 사이트 데이터 보존 부분은 체크 해제할 것'이라고 명시되어 있으므로 모든 항목을 체크하는 행동은 적절하지 않다.

3일 차 기출응용 모의고사 정답 및 해설

01	02	03	04	05	06	07	08	09	10
③	②	③	③	④	④	④	①	②	①
11	12	13	14	15	16	17	18	19	20
⑤	⑤	④	②	①	③	②	①	①	②
21	22	23	24	25	26	27	28	29	30
④	③	③	①	③	⑤	⑤	②	③	③
31	32	33	34	35	36	37	38	39	40
④	②	④	②	①	③	②	②	③	⑤
41	42	43	44	45	46	47	48	49	50
④	④	⑤	②	⑤	④	④	③	②	④

01
정답 ③

제시문은 신앙 미술에 나타난 동물의 상징적 의미와 사례, 변화와 그 원인, 그리고 동물의 상징적 의미가 지닌 문화적 가치에 대하여 설명하는 글이다. 따라서 (나) 신앙 미술에 나타난 동물의 상징적 의미와 그 사례 → (다) 동물의 상징적 의미의 변화 → (라) 동물의 상징적 의미가 변화하는 원인 → (가) 동물의 상징적 의미가 지닌 문화적 가치의 순서대로 나열하는 것이 적절하다.

02
정답 ②

제시문과 ②의 '나누다'는 '즐거움이나 고통, 고생 따위를 함께하다.'의 의미이다.

오답분석
① 몫을 분배하다.
③ 여러 가지가 섞인 것을 구분하여 분류한다.
④ 같은 핏줄을 타고나다.
⑤ 말이나 이야기, 인사 따위를 주고받다.

03
정답 ③

제시문에 따르면 공교육에서는 학생들의 실력 차이를 모두 고려할 수가 없다. 따라서 '한꺼번에'로 수정하는 것이 적절하다.

04
정답 ③

다섯 번째 문단에서 음파는 속도가 느린 층 쪽으로 굴절해서 그 층에 머무르려 하고 그곳에서 만들어진 소리는 수천 km 떨어진 곳에서도 들린다고 하였다. 따라서 수영장 물 밖에 있을 때보다 수영장에서 잠수해 있을 때 물 밖의 소리가 더 잘 들릴 것이라는 추론은 적절하지 않다.

오답분석
① 음속은 수온과 수압 중 상대적으로 더 많은 영향을 끼치는 요소에 의해 결정되는데, 수온이 일정한 구역에서는 수압의 영향을 받게 될 것이고, 수압은 수심이 깊어질수록 높아지므로 수온이 일정한 구역에서는 수심이 증가할수록 음속도 증가할 것이다.
② 표층의 아래층에서는 태양 에너지가 도달하기 어려워 수심에 따라 수온이 급격히 낮아지고, 더 깊은 심층에서는 수온 변화가 거의 없다.
④ 음파는 상대적으로 속도가 느린 층 쪽으로 굴절하는데 이런 굴절 때문에 해수면에서 음파를 보냈을 때 음파가 거의 도달하지 못하는 구역을 음영대라 한다. 이러한 음영대를 이용해서 잠수함이 음파탐지기로부터 회피하여 숨을 장소로 이동할 수 있다.
⑤ 음속이 최소가 되는 층을 이용해 인도양에서 음파를 일으켜 대서양을 돌아 태평양으로 퍼져나가게 한 후 온난화 등의 기후 변화를 관찰하는 데 이용할 수 있다.

05
정답 ④

음속은 수온과 수압이 높을수록 증가하며 수온과 수압 중에서 상대적으로 더 많은 영향을 끼치는 요소에 의하여 결정된다. 수온이 급격하게 낮아지다가 수온의 변화가 거의 없는 심층에서는 수심이 깊어 수압의 영향을 더 많이 받으므로 음속이 증가하는 것이다.

06
정답 ④

④는 폭염에 대한 안전요령이 아니라 강풍 또는 지진에 대한 안전요령에 적합한 내용이다.

07   정답 ④

두 번째 문단의 '감지된 자기장이 핵의 고체화 이후에도 암석 속에 자석처럼 남아 있는 잔류자기일 가능성도 있었다.'라는 내용을 통해 액체 핵의 가능성을 부정하는 견해임을 알 수 있다.

08   정답 ①

제시문의 전통적인 경제학에서는 미시 건전성 정책에 집중하는데, 이러한 미시 건전성 정책은 가격이 본질적 가치를 초과하여 폭등하는 버블이 존재하지 않는다는 효율적 시장 가설을 바탕으로 한다. 따라서 제시문에 나타난 주장에 대한 비판으로는 이러한 효율적 시장 가설에 대해 반박하는 ①이 가장 적절하다.

09   정답 ②

제시문은 '직업안전보건국이 제시한 1ppm의 기준이 지나치게 엄격하다고 판결하였다.'라는 사실과 '직업안전보건국은 노동자를 생명의 위협이 될 수 있는 화학물질에 노출시키는 사람들이 그 안전성을 입증해야 한다.'의 논점의 대립을 다루고 있다. 따라서 빈칸에는 '벤젠의 노출 수준이 1ppm을 초과할 경우 노동자의 건강에 실질적으로 위험하다는 것을 직업안전보건국이 입증해야 한다.'는 내용이 들어가는 것이 가장 적절하다.

10   정답 ①

- ㉠ : (가) 이후 '다시 말해서~'가 이어지는 것으로 보아 앞에 비슷한 내용을 언급하고 있는 문장이 와야 한다. ㉠에 따르면 우주 안에서 일어나는 사건이라는 측면에서 과학에서 말하는 현상과 현상학에서 말하는 현상은 다를 바가 없고, (가)에서는 현상학적 측면에서 볼 때 철학의 구조와 과학적 지식의 구조가 다를 바 없음을 말하고 있음으로 (가)에 들어가는 것이 적절하다.
- ㉡ : (나)의 앞에서 철학과 언어학의 차이를 언급하고 있으며, 뒤의 문장에서는 언어학에 대한 설명이 이어지고 있으므로 (나)에 들어가는 것이 적절하다.

11   정답 ⑤

경기남부의 가구 수가 경기북부의 가구 수의 2배라면, 가구 수의 비율은 남부가 $\frac{2}{3}$, 북부가 $\frac{1}{3}$ 이다. 따라서 경기지역에서 개별난방을 사용하는 가구 수의 비율은 가중평균으로 구할 수 있다.

$$\left(26.2\% \times \frac{2}{3}\right) + \left(60.8\% \times \frac{1}{3}\right) ≒ 37.7\%$$

오답분석

① 경기북부지역에서 도시가스를 사용하는 가구 수는 66.1%이고, 등유를 사용하는 가구 수는 3.0%이다. 따라서 66.1÷3 ≒ 22배이다.
② 서울과 인천지역에서 사용하는 비율이 가장 낮은 연료는 LPG이다.
③ 주어진 자료에서는 서울과 인천의 지역별 가구 수를 알 수 없으므로, 지역난방을 사용하는 가구 수도 알 수 없다.
④ 지역난방의 비율은 경기남부지역이 67.5%, 경기북부지역이 27.4%로 경기남부지역이 더 높다.

12   정답 ⑤

ㄴ. 갑 ~ 무 도시에 있는 드림카페의 합은 4×5=20개이며, 갑과 병에는 총 8개가 있어야 하므로 편차 절댓값에 따라 한 곳은 6개, 다른 한 곳은 2개가 된다.
ㄷ. 정 도시의 해피카페 점포 수는 20−17=3개이므로, 드림카페 점포 수인 5개보다 적다.
ㄹ. 무 도시에 있는 해피카페 중 1개 점포가 병 도시로 브랜드의 변경 없이 이전할 경우, 병과 무 도시의 카페 점포 수는 각각 3개가 되며, 편차 절댓값도 똑같이 1이 된다. 따라서 편차의 평균은 1.2로 점포 이전 전과 같다.

오답분석

ㄱ. 해피카페 편차의 평균은 1.2로, 드림카페 편차의 평균인 1.6보다 작다.

13   정답 ④

A, B, E구의 1인당 돼지고기 소비량을 각각 a, b, $e$kg이라고 하고, 제시된 조건을 식으로 나타내면 다음과 같다.

- 첫 번째 조건 : $a+b=30$ … ㉠
- 두 번째 조건 : $a+12=2e$ … ㉡
- 세 번째 조건 : $e=b+6$ … ㉢

㉢을 ㉡에 대입하여 식을 정리하면
$a+12=2(b+6) → a-2b=0$ … ㉣
㉠−㉣을 하면
$3b=30$
∴ $b=10$, $a=20$, $e=16$

A ~ E구의 변동계수를 구하면 다음과 같다.

- A구 : $\frac{5}{20} \times 100 = 25\%$
- B구 : $\frac{4}{10} \times 100 = 40\%$
- C구 : $\frac{6}{30} \times 100 = 20\%$
- D구 : $\frac{4}{12} \times 100 ≒ 33.33\%$
- E구 : $\frac{8}{16} \times 100 = 50\%$

따라서 변동계수가 세 번째로 큰 구는 D구이다.

14

전국 컴퓨터 보유 대수 중 스마트폰 비율은 8.7%로, 노트북 비율의 30%인 $20.5 \times 0.3 = 6.15\%$ 이상이다.

오답분석

① 서울 업체가 보유한 노트북 수는 $605,296 \times 0.224 ≒ 135,586$대이므로 20만 대 미만이다.
③ 데스크톱 보유 대수는 대전 업체가 $68,270 \times 0.662 ≒ 45,195$대, 울산 업체가 $42,788 \times 0.675 ≒ 28,882$대이고, 전국 데스크톱 대수는 $2,597,791 \times 0.594 ≒ 1,543,088$대이다. 따라서 대전과 울산에서 보유하고 있는 데스크톱이 전체 데스크톱에 차지하는 비율은 $\dfrac{45,195 + 28,882}{1,543,088} \times 100 ≒ 4.8\%$이므로 옳은 설명이다.
④ PDA 보유 대수는 전북이 $88,019 \times 0.003 ≒ 264$대이며, 전남의 15%인 $91,270 \times 0.015 \times 0.15 ≒ 205$개 이상이므로 옳은 설명이다.
⑤ 강원 업체의 태블릿 PC 대수는 $97,164 \times 0.04 ≒ 3,887$대이고, 경북의 노트북 대수는 $144,644 \times 0.069 ≒ 9,980$대이다. 따라서 경북의 노트북 보유 대수가 강원의 태블릿 PC 보유 대수보다 $9,980 - 3,887 = 6,093$대 더 많다.

15
정답 ①

2022년 3개 기관의 전반적 만족도의 합은 $6.9 + 6.7 + 7.6 = 21.2$이고, 2023년 3개 기관의 임금과 수입 만족도의 합은 $5.1 + 4.8 + 4.8 = 14.7$이다. 따라서 2022년 3개 기관의 전반적 만족도의 합은 2023년 3개 기관의 임금과 수입 만족도의 합의 $\dfrac{21.2}{14.7} ≒ 1.4$배이다.

16
정답 ③

전년 대비 2023년에 기업, 공공연구기관의 임금과 수입 만족도는 증가하였으나, 대학의 임금과 수입 만족도는 감소했으므로 옳지 않은 설명이다.

오답분석

① 2022년, 2023년 현 직장에 대한 전반적 만족도는 대학 유형에서 가장 높은 것을 확인할 수 있다.
② 2023년 근무시간 만족도에서는 공공연구기관과 대학의 만족도가 6.2로 동일한 것을 확인할 수 있다.
④ 시내분위기 측면에서 2022년과 2020년 공공연구기관의 만족도는 5.8로 동일한 것을 확인할 수 있다.
⑤ 전년 대비 2023년 근무시간에 대한 만족도의 직장유형별 감소율은 다음과 같다.
- 기업 : $\dfrac{6.5 - 6.1}{6.5} \times 100 ≒ 6.2\%$
- 공공연구기관 : $\dfrac{7.1 - 6.2}{7.1} \times 100 ≒ 12.7\%$
- 대학 : $\dfrac{7.3 - 6.2}{7.3} \times 100 ≒ 15.1\%$

따라서 근무시간에 대한 만족도의 감소율은 대학 유형이 가장 크다.

17
정답 ②

명훈이와 우진이가 같이 초콜릿을 만드는 시간을 x시간이라고 하자.

명훈이와 우진이가 1시간 동안 만드는 초콜릿 양은 각각 $\dfrac{1}{30}$, $\dfrac{1}{20}$이므로 다음 식이 성립한다.

$$\frac{1}{30} \times 3 + \frac{1}{20} \times 5 + \left(\frac{1}{30} + \frac{1}{20}\right)x = 1$$

$$\rightarrow \quad \frac{1}{12}x = \frac{13}{20}$$

$$\therefore \quad x = \frac{39}{5}$$

따라서 두 사람이 같이 초콜릿을 만드는 시간은 $\dfrac{39}{5}$시간이다.

18
정답 ①

같은 부서 사람이 옆자리에 함께 앉아야 하므로 먼저 부서를 한 묶음으로 생각하고 세 부서를 원탁에 배치하는 경우는 $2! = 2$가지이다. 각 부서 사람끼리 자리를 바꾸는 경우의 수는 $2! \times 2! \times 3! = 2 \times 2 \times 3 \times 2 = 24$가지가 나온다. 따라서 조건에 맞게 7명이 앉을 수 있는 경우의 수는 $2 \times 24 = 48$가지이다.

19
정답 ①

ㄱ. 전체 연령에서 여가시간의 평균점수가 가장 높은 순서로 나열하면 '70대 이상(5.33점) - 60대(4.97점) - 20대(4.81점) - 50대(4.72점) - 40대(4.56점) - 30대(4.47점) - 10대(4.43점)'이므로 옳은 설명이다.
ㄴ. 설문조사에서 전체 남성 중 '약간충분 ~ 매우충분'을 선택한 인원은 $(10,498 - 5,235) \times (0.322 + 0.193 + 0.066) ≒ 3,058$명이다.

오답분석

ㄷ. 미혼과 기혼의 평균점수는 기타에 해당하는 평균점수보다 낮지만 '약간부족'을 선택한 비율은 높다.
ㄹ. 대도시에서 '약간부족'을 선택한 인원은 $4,418 \times 0.097 ≒ 429$명이고, 중소도시와 읍면지역에서 '부족'을 선택한 인원은 $(3,524 \times 0.031) + (2,556 \times 0.023) ≒ 168$명이므로 $\dfrac{429}{168} ≒ 2.6$배이다.

20

각 연령대에서 '매우충분'을 선택한 인원은 다음과 같다.

구분	인원 (명)	매우충분 비율(%)	매우충분 선택인원(명)
10대 (15 ~ 19세)	696	4.0	696×0.04≒27
20대	1,458	6.4	1,458×0.064≒93
30대	1,560	3.8	1,560×0.038≒59
40대	1,998	4.5	1,998×0.045≒89
50대	2,007	5.2	2,007×0.052≒104
60대	1,422	9.6	1,422×0.096≒136
70대 이상	1,357	17.9	1,357×0.179≒242

따라서 인원이 가장 적은 순서는 '10대 - 30대 - 40대 - 20대 - 50대 - 60대 - 70대 이상'이다.

21
정답 ④

수호는 주스를 좋아하므로 디자인 담당이 아니다. 또한, 편집 담당과 이웃해 있으므로 기획 담당이다. 편집 담당은 콜라를 좋아하고, 검은색 책상에 앉아 있다. 그런데 경수는 갈색 책상에 앉아 있으므로 경수는 디자인 담당이며, 민석이는 검은색 책상에 앉아 있고, 수호는 흰색 책상에 앉아 있다. 이를 정리하면 다음과 같다.

수호	민석	경수
흰색 책상	검은색 책상	갈색 책상
기획	편집	디자인
주스	콜라	커피

오답분석

ㄷ. 수호는 기획을 하고, 민석이는 콜라를 좋아한다.
ㄹ. 민석이는 편집 담당이므로 검은색 책상에 앉아 있다.

22
정답 ③

팀장의 나이를 x세라고 했을 때, 과장의 나이는 $(x-4)$세, 대리는 31세, 사원은 25세이다. 과장과 팀장의 나이 합이 사원과 대리의 나이 합의 2배이므로 다음과 같은 식이 성립한다.
$x+(x-4)=2×(31+25)$
$→ 2x-4=112$
$∴ x=58$이다.
따라서 팀장의 나이는 58세이다.

23
정답 ③

오답분석

• A지원자 : 9월에 복학 예정이기 때문에 인턴 기간이 연장될 경우 근무할 수 없으므로 적합하지 않다.
• B지원자 : 경력 사항이 없으므로 적합하지 않다
• D지원자 : 근무 시간(9 ~ 18시) 이후에 업무가 불가능하므로 적합하지 않다.
• E지원자 : 포토샵을 활용할 수 없으므로 적합하지 않다.

24
정답 ①

두 번째 조건에서 경유지는 서울보다 1시간 빠르고, 출장지는 2시간 느리므로 서울과 출장지는 −1시간 차이이다.
김대리가 서울에서 경유지를 거쳐 출장지까지 가는 과정을 서울시각 기준으로 정리하면 다음과 같다.
서울시각 5일 오후 1시 35분 출발 → 오후 1시 35분+3시간 45분 =오후 5시 20분 경유지 도착 → 오후 5시 20분+3시간 50분(대기시간)=오후 9시 10분 경유지에서 출발 → 오후 9시 10분+9시간 25분=6일 오전 6시 35분 출장지 도착
따라서 출장지에 도착했을 때의 현지 시각은 오전 5시 35분이다.

25
정답 ③

두 번째 조건에서 사원 양옆과 앞자리는 비어있을 수 없다고 했으므로 B, C, E, F, G를 제외한 A, D자리는 빈자리가 된다. 세 번째 조건에서 부서장 앞자리에 이상무 또는 최부장이 앉으며, 첫 번째 조건에 따라 같은 직급은 옆자리로 배정할 수 없으므로 한대리는 F 또는 G에 앉을 수 있다. 따라서 F와 G에 과장 두 명이 앉으면 성대리 양옆 중 한 자리에 한대리가 앉아야 하므로 적절하지 않다.

부서장	빈자리	B	성대리	C	빈자리
	최부장 또는 이상무	김사원	F	이사원	G

오답분석

① · ② A와 D는 빈자리이다.
④ B, C, F, G자리 중 한 곳에 최부장이 앉으면, E에는 이상무가 앉게 된다.
⑤ 한대리가 앉을 수 있는 자리는 F 또는 G이다.

26
정답 ⑤

퍼실리테이션(Facilitation)은 촉진을 의미하며, 어떤 그룹이나 집단이 의사결정을 잘할 수 있도록 도와주는 일을 가리킨다. 소프트 어프로치나 하드 어프로치는 타협점의 단순 조정에 그치지만, 퍼실리테이션은 초기에 생각하지 못했던 창조적인 해결 방법을 도출한다. 동시에 구성원의 동기가 강화되고 팀워크도 강화된다는 특징을 보인다.

① 소프트 어프로치 : 대부분의 기업에서 볼 수 있는 전형적인 스타일로, 조직 구성원들이 같은 문화적 토양을 가지고 이심전심으로 서로를 이해하는 상황을 가정한다. 소프트 어프로치에서는 문제해결을 위해서 직접 표현하는 것이 바람직하지 않다고 여기며, 무언가를 시사하거나 암시를 통하여 의사를 전달하고 기분을 서로 통하게 함으로써 문제해결을 도모하려고 한다.

② 명목집단법 : 참석자들로 하여금 서로 대화에 의한 의사소통을 못하게 하고, 서면으로 의사를 개진하게 함으로써 집단의 각 구성원들이 마음속에 생각하고 있는 바를 끄집어내 문제해결을 도모하는 방법이다.

③ 하드 어프로치 : 상이한 문화적 토양을 가지고 있는 구성원을 가정하여 서로의 생각을 직설적으로 주장하고 논쟁이나 협상을 통해 의견을 조정해 가는 방법이다. 이러한 방법은 합리적이긴 하지만, 잘못하면 단순한 이해관계의 조정에 그치고 말아서 그것만으로는 창조적인 아이디어나 높은 만족감을 이끌어내기 어렵다.

④ 델파이법 : 전문가들에게 개별적으로 설문을 전하고 의견을 받아서 반복수정하는 과정을 거쳐서 문제해결에 대한 의사결정을 하는 방법이다.

27 　　　　　　　　　　　　　　　　　정답 ⑤

조건에 따라 자물쇠를 열 수 있는 열쇠를 정리하면 다음과 같다.

구분	1번 열쇠	2번 열쇠	3번 열쇠	4번 열쇠	5번 열쇠	6번 열쇠
첫 번째 자물쇠			×	×	×	×
두 번째 자물쇠			×			×
세 번째 자물쇠	×	×	×			×
네 번째 자물쇠			×	×		×

따라서 3번 열쇠로는 어떤 자물쇠도 열지 못한다.

① 두 번째 자물쇠가 1번 열쇠로 열릴 경우 첫 번째 자물쇠는 2번 열쇠로 열릴 수 있다.

② 두 번째 자물쇠가 2번 열쇠로 열리면, 세 번째 자물쇠는 4번 열쇠로 열린다.

③ 세 번째 자물쇠가 5번 열쇠로 열리면, 네 번째 자물쇠는 1번 또는 2번 열쇠로 열린다.

④ 네 번째 자물쇠가 5번 열쇠로 열리면, 두 번째 자물쇠는 1번 또는 2번 열쇠로 열린다.

28 　　　　　　　　　　　　　　　　　정답 ②

C사원은 혁신성, 친화력, 책임감이 '상 – 상 – 중'으로 영업팀의 중요도에 적합하며, 창의성과 윤리성은 '하'이지만 영업팀에서 중요하게 생각하지 않는 역량이므로 영향을 주지 않는다. 반면 E사원은 혁신성, 책임감, 윤리성이 '중 – 상 – 하'로 지원팀의 핵심역량에 부합한다. 따라서 C사원은 영업팀에, E사원은 지원팀에 배치하는 것이 적절하다.

29 　　　　　　　　　　　　　　　　　정답 ③

총성과급을 x만 원이라 하자.

- A의 성과급 : $\left(\dfrac{1}{3}x+20\right)$만 원

- B의 성과급 : $\dfrac{1}{2}\left[x-\left(\dfrac{1}{3}x+20\right)\right]+10=\dfrac{1}{3}x$만 원

- C의 성과급 : $\dfrac{1}{3}\left[x-\left(\dfrac{1}{3}x+20+\dfrac{1}{3}x\right)\right]+60$

$=\left(\dfrac{1}{9}x+\dfrac{160}{3}\right)$만 원

- D의 성과급 : $\dfrac{1}{2}\left[x-\left(\dfrac{1}{3}x+20+\dfrac{1}{3}x+\dfrac{1}{9}x+\dfrac{160}{3}\right)\right]+70$

$=\left(\dfrac{1}{9}x+\dfrac{100}{3}\right)$만 원

$x=\dfrac{1}{3}x+20+\dfrac{1}{3}x+\dfrac{1}{9}x+\dfrac{160}{3}+\dfrac{1}{9}x+\dfrac{100}{3}$

$\therefore\ x=960$

따라서 총성과급은 960만 원이다.

30 　　　　　　　　　　　　　　　　　정답 ③

제시된 정보를 수식으로 정리하면 다음과 같다.

A>B, D>C, F>E>A, E>B>D

$\therefore$ F>E>A>B>D>C

따라서 옳은 것은 ③이다.

31 　　　　　　　　　　　　　　　　　정답 ④

신입직 지원자는 400명이므로 수용 가능 인원이 380명인 A중학교는 시험 장소로 적절하지 않으며, E고등학교의 경우 시험 진행에 필요한 스피커를 갖추고 있지 않으므로 적절하지 않다. 한편, B고등학교는 일요일에만 대여할 수 있으므로 시험이 실시되는 토요일에 대여할 수 없다. 따라서 신입직 채용시험 장소로 선택할 수 있는 곳은 C대학교와 D중학교이며, 이 중 대여료가 저렴한 D중학교가 신입직 채용시험 장소로 가장 적절하다.

32 　　　　　　　　　　　　　　　　　정답 ②

신입직과 경력직 지원자는 총 480명이므로 수용 가능 인원이 480명 이하인 A중학교와 D중학교는 시험 장소로 적절하지 않으며, 스피커를 갖추고 있지 않은 E고등학교 역시 적절하지 않다. 그러므로 신입·경력직 채용시험 장소로 선택할 수 있는 곳은 모든 조건을 만족하는 B고등학교와 C대학교이며, 이 중 대여료가 저렴한 B고등학교가 신입·경력직 채용시험 장소로 가장 적절하다.

33 정답 ④

25일과 26일은 예측농도가 '약간 나쁨', '보통'이며, 워크숍 마지막 날은 토요일도 가능하므로 적절하다.

오답분석

① 1일은 미세먼지 예측농도가 '매우 나쁨'이며, 2 ~ 3일은 '나쁨'에 속한다.
② 8 ~ 10일은 미세먼지 예측농도는 적절하지만 매달 둘째·넷째 주 수요일마다 기획회의가 있으므로 10일인 수요일은 불가능하다.
③ 17일과 18일은 예측농도가 '나쁨'이며, 19일에는 우수성과팀 시상식이 있기 때문에 적절하지 않다.
⑤ 29 ~ 31일은 중국 현지에서 열리는 컨퍼런스에 참여해야 하므로 적절하지 않다.

34 정답 ②

A·C센터는 수용인원이 65명 미만이므로 대여할 수 없다. 또한 D센터는 컴퓨터를 보유하지 않았고, 사용 가능시간이 2시간 미만이므로 대여할 수 없다. E센터는 회의실을 보유하지 않아 대여할 수 없다. 따라서 조건을 충족하는 교육 장소는 B센터이다.

35 정답 ①

교육 참여자가 30명으로 변경되면 A ~ E센터 모두 수용인원 조건을 만족하게 된다. 그중 모든 조건을 만족하는 장소는 A·B센터이며, 이 중 더 저렴한 A센터에서 교육을 진행한다.

36 정답 ①

• A사원 : 7일(3월 – 2일, 5월 – 3일, 7월 – 1일, 9월 – 1일)
• B사원 : 10일(1월 – 3일, 3월 – 3일, 5월 – 3일, 9월 – 1일)
• C사원 : 8일(1월 – 1일, 3월 – 1일, 5월 – 3일, 7월 – 3일)
• D사원 : 9일(1월 – 2일, 3월 – 3일, 7월 – 3일, 9월 – 1일)
• E사원 : 8일(1월 – 1일, 3월 – 2일, 5월 – 3일, 7월 – 2일)
따라서 A사원이 총 7일로 연차를 가장 적게 썼다.

37 정답 ③

K공사에서는 연차를 한 달에 3일로 제한하고 있으므로, 11월에 휴가를 쓸 수 없다면 앞으로 총 6일(10월 – 3일, 12월 – 3일)의 연차만을 쓸 수 있다. 따라서 휴가에 대해 손해를 보지 않으려면 이미 9일 이상의 연차를 소진했어야 하며, 이에 해당하는 사원은 B와 D이다.

38 정답 ②

B버스(9시 출발, 소요시간 40분) → KTX(9시 45분 출발, 소요시간 1시간 32분) → 도착 시각 오전 11시 17분으로 가장 먼저 도착한다.

오답분석

① A버스(9시 20분 출발, 소요시간 24분) → 새마을호(9시 45분 출발, 소요시간 3시간) → 도착 시각 오후 12시 45분
③ 지하철(9시 30분 출발, 소요시간 20분) → KTX(10시 30분 출발, 소요시간 1시간 32분) → 도착 시각 오후 12시 2분
④ B버스(9시 출발, 소요시간 40분) → 새마을호(9시 40분 출발, 소요시간 3시간) → 도착 시각 오후 12시 40분
⑤ 지하철(9시 30분 출발, 소요시간 20분) → 새마을호(9시 50분 출발, 소요시간 3시간) → 도착 시각 오후 12시 50분

39 정답 ③

A ~ E인턴들 중에 소비자들의 불만을 접수해서 처리하는 업무를 맡기기에 가장 적절한 인턴은 C인턴이다. C인턴은 잘 흥분하지 않으며, 일처리가 신속하고 정확하다고 '책임자의 관찰 사항'에 명시되어 있으며, 직업선호 유형은 'CR'로 관습형·현실형에 해당된다. 따라서 현실적이며 보수적이고 변화를 좋아하지 않는 유형으로 소비자들의 불만을 들어도 감정적으로 대응하지 않을 성격이기 때문에 C인턴이 업무에 가장 적합하다.

40 정답 ⑤

제시된 조건에 따라 경제적 효율성을 계산하면 다음과 같다.

• A자동차 : $\left(\dfrac{2,000}{11\times500}+\dfrac{10,000}{51,000}\right)\times100 ≒ 55.97\%$

• B자동차 : $\left(\dfrac{2,000}{12\times500}+\dfrac{10,000}{44,000}\right)\times100 ≒ 56.06\%$

• C자동차 : $\left(\dfrac{1,500}{14\times500}+\dfrac{10,000}{29,000}\right)\times100 ≒ 55.91\%$

• D자동차 : $\left(\dfrac{1,500}{13\times500}+\dfrac{10,000}{31,000}\right)\times100 ≒ 55.33\%$

• E자동차 : $\left(\dfrac{900}{7\times500}+\dfrac{10,000}{33,000}\right)\times100 ≒ 56.02\%$

경제적 효율성이 가장 높은 자동차는 B자동차이지만 외부 손상이 있으므로 선택할 수 없고, B자동차 다음으로 효율성이 높은 자동차는 E자동차이며, 외부 손상이 없다. 따라서 S사원이 매입할 자동차는 E자동차이다.

41 정답 ④

[틀 고정] 기능은 선택한 셀을 기준으로 좌측과 상단의 모든 셀을 고정하게 된다. 따라서 A열과 1행을 고정하기 위해서는 [B2] 셀을 클릭한 후 틀 고정을 해야 한다.

42
정답 ④

func()에는 static 변수 num1과 일반 변수 num2가 각각 0으로 정의되어 있다. 일반 변수 num2는 func()가 호출될 때마다 새롭게 정의되어 0으로 초기화되며, 함수가 종료되면 num2 함수에서 사용했던 num의 값은 사라진다. 그러나 static 변수 num2는 func()가 여러 번 호출되더라도 재정의 및 초기화되지 않고 최초 호출될 때 한 번만 정의되고 0으로 초기화된다. 또한 static 변수는 함수가 종료되더라도 사용했던 값이 사라지지 않으며 프로그램이 종료될 때까지 메모리 공간에 기억된다.

따라서 main()의 반복문(for)에 의해 func() 함수가 5번 호출되어 각 값들을 증가시키고 마지막으로 호출되었을 때 static 변수 num1의 값은 5, 일반 변수 num2의 값은 1이다.

43
정답 ⑤

- 최종점수는 [E2] 셀에 「=ROUND(AVERAGE(B2:C2)*0.9+D2*0.1,1)」를 넣고 채우기 핸들 기능을 사용하면 된다. 따라서 ②와 ④는 필요한 함수이다.
- 등수는 [F2] 셀에 「=RANK(E2,$E$2:$E$8)」를 넣고 채우기 핸들 기능을 사용하면 된다. 따라서 ③은 필요한 함수이다.
- 등급은 [G2] 셀에 「=IFS(RANK(E2,$E$2:$E$8)<=2,"A", RANK(E2,$E$2:$E$8)<=5,"B",TRUE,"C")」를 넣고 채우기 핸들 기능을 사용하면 된다. 따라서 ①은 필요한 함수이다.

44
정답 ②

그림에서 제시하는 사용자 지정 자동 필터를 해석하면 160,000 이하이거나 250,000 초과의 경우 추출됨을 알 수 있다. 따라서 A열에 추출되는 성명은 박슬기, 이민지, 김인수, 조상애이다.

45
정답 ⑤

OR조건은 조건을 모두 다른 행에 입력해야 한다.

46
정답 ④

데이터베이스 시스템의 특징 및 장점

- 데이터의 중복을 최소화한다.
- 데이터베이스의 구조가 변해도 영향을 받지 않는다는 데이터의 물리적, 논리적 독립성을 유지한다.
- 서로 다른 여러 사용자가 데이터베이스를 동시에 함께 사용할 수 있는 데이터의 공유성을 가진다.
- 허용된 사용자에게만 데이터 접근을 허용하여 다른 사용자로부터 데이터를 보호할 수 있는 데이터의 보안성이 유지된다.
- 정의된 데이터베이스와 구축된 데이터베이스는 갱신과 유지를 통해 항상 일치하도록 정확성을 보장하는 데이터의 무결성이 유지된다.
- 일부 데이터가 변경되어도 관련있는 데이터가 함께 변경되는 데이터의 일관성이 유지된다.

47
정답 ④

워크시트의 화면 하단에서는 통합문서를 '기본', '페이지 레이아웃', '페이지 나누기 미리보기' 3가지 형태로 볼 수 있다. 머리글이나 바닥글을 쉽게 추가할 수 있는 형태는 '페이지 레이아웃'이며, '페이지 나누기 미리보기'에서는 파란색 실선을 이용해서 페이지를 손쉽게 나눌 수 있다.

48
정답 ③

⟨Ctrl⟩+⟨3⟩은 글꼴 스타일에 기울임 꼴을 적용하는 바로가기 키이다. ⟨Ctrl⟩+⟨4⟩를 사용해야 선택한 셀에 밑줄이 적용된다.

49
정답 ②

[서식 지우기] 기능을 사용해 셀의 서식을 지우면 글꼴 서식, 셀 병합, 셀 서식(테두리, 배경색) 등이 해제되고 기본 셀 서식으로 변경되지만 셀에 삽입된 메모는 삭제되지 않는다.

50
정답 ④

분산처리 시스템은 네트워크를 통해 분산되어 있는 것들을 동시에 처리하는 것으로, 분산 시스템에 구성 요소를 추가하거나 삭제할 수 있다.

4일 차 기출응용 모의고사 정답 및 해설

01	02	03	04	05	06	07	08	09	10
③	⑤	③	②	⑤	③	④	⑤	④	④
11	12	13	14	15	16	17	18	19	20
③	①	⑤	③	②	⑤	④	②	①	①
21	22	23	24	25	26	27	28	29	30
③	④	②	⑤	②	④	⑤	④	②	①
31	32	33	34	35	36	37	38	39	40
③	④	③	②	⑤	①	②	③	④	③
41	42	43	44	45	46	47	48	49	50
②	②	③	②	⑤	③	①	①	④	③

01
정답 ③

먼바다에서 지진해일의 파고는 수십 cm 이하이지만 얕은 바다에서는 급격하게 높아진다.

오답분석
① 화산폭발 등으로 인해 발생하는 건 맞지만, 파장이 긴 파도를 지진해일이라 한다.
② 태평양에서 발생한 지진해일은 발생 하루 만에 발생지점에서 지구의 반대편까지 이동할 수 있다.
④ 지진해일이 해안가에 가까워질수록 파도가 강해지는 것은 맞지만, 속도는 시속 45~60km까지 느려진다.
⑤ 해안의 경사 역시 암초, 항만 등과 마찬가지로 지진해일을 변형시키는 요인이 된다.

02
정답 ⑤

제시문과 ⑤의 '지키다'는 '어떠한 상태나 태도 따위를 그대로 계속 유지하다.'의 의미이다.

오답분석
① 지조, 절개, 정조 따위를 굽히지 아니하고 굳게 지니다.
② 규정, 약속, 법, 예의 따위를 어기지 아니하고 그대로 실행하다.
③ 길목이나 통과 지점 따위를 주의를 기울여 살피다.
④ 재산, 이익, 안전 따위를 잃거나 침해당하지 아니하도록 보호하거나 감시하여 막다.

03
정답 ③

보기의 '또한'이라는 접속어를 보면 외래문화나 전통문화의 양자택일에 대한 내용이 앞에 있고, (다) 뒤의 내용이 '전통문화는 계승과 변화가 다 필요하고 외래문화의 수용과 토착화를 동시에 요구하고 있기 때문이다.'이므로 보기는 (다)에 들어가는 것이 가장 적절하다.

04
정답 ②

제시문은 '탈원전·탈석탄 공약에 맞는 제8차 전력공급기본계획(안) 수립 → 분산형 에너지 생산시스템으로의 정책 방향 전환 → 분산형 에너지 생산시스템에 대한 대통령의 강한 의지 → 중앙집중형 에너지 생산시스템의 문제점 노출 → 중앙집중형 에너지 생산시스템의 비효율성'의 순으로 전개되고 있다. 즉, 제시문은 일관되게 '에너지 분권의 필요성과 나아갈 방향을 모색해야 한다.'고 말하고 있다. 따라서 제시문의 주제로 가장 적절한 것은 ②이다.

오답분석
①·③ 제시문에서 언급되지 않았다.
④ 다양한 사회적 문제점들과 기후, 천재지변 등에 의한 문제점들을 언급하고 있으나, 이는 글의 주제를 뒷받침하기 위한 내용이므로 글 전체의 주제로 보기는 어렵다.
⑤ 전력수급기본계획의 수정 방안을 제시하고 있지는 않다.

05
정답 ⑤

'탁상공론(卓上空論)'은 '현실성이나 실천 가능성이 없는 虛荒(허황)한 이론'을 뜻한다.

오답분석
① 토사구팽(兎死狗烹) : 토끼 사냥이 끝나면 사냥개를 삶아 먹는 것으로, 쓸모가 없어지면 버려진다는 뜻이다.
② 계명구도(鷄鳴狗盜) : 닭의 울음소리와 개 도둑. 하찮은 재주도 쓸모가 있다는 뜻이다.
③ 표리부동(表裏不同) : 겉과 속이 같지 않다는 뜻이다.
④ 사면초가(四面楚歌) : 사방이 초나라 노래. 도움을 받을 수 없는 고립된 상태를 말한다.

06
정답 ③

'수주대토(守株待兔)'는 '그루터기를 지켜 토끼를 기다린다.'는 뜻으로 요행만 기다리는 어리석은 사람을 일컫는다.

오답분석
① 사필귀정(事必歸正) : 결국 옳은 이치대로 된다는 뜻이다.
② 조삼모사(朝三暮四) : '아침에 세 개, 저녁에 네 개'라는 뜻으로, 눈앞에 보이는 것만 알고 결과가 같은 것을 모르는 어리석음을 뜻한다.
④ 새옹지마(塞翁之馬) : 세상만사는 변화가 많아 어느 것이 화(禍)가 되고, 어느 것이 복(福)이 될지 예측하기 어렵다는 것을 뜻한다.
⑤ 호사다마(好事多魔) : 좋은 일에는 방해가 되는 일이 많음을 뜻한다.

07
정답 ④

제시문과 ④의 '비다'는 '일정한 공간에 사람, 사물 따위가 들어 있지 아니하게 되다.'의 의미이다.

오답분석
① 손에 들거나 몸에 지닌 것이 없게 된다.
② 진실이나 알찬 내용이 들어 있지 아니하게 된다.
③ 지식이나 생각, 판단하는 능력이 없어진다.
⑤ 일정한 액수나 수량에서 얼마가 모자라게 되다.

08
정답 ⑤

다문화정책의 두 가지 핵심을 밝히고 있는 (다)가 가장 처음에 온 뒤 (다)의 내용을 뒷받침하기 위해 프랑스를 사례로 든 (가)가 이어지는 것이 자연스럽다. 그 다음으로는 이민자에 대한 지원 촉구 및 다문화정책의 개선 등에 대한 내용이 이어지는 것이 글의 흐름상 적절하므로 이민자에 대한 배려의 필요성을 주장하는 (라), 다문화정책의 패러다임 전환을 주장하는 (나)의 순서로 연결되어야 한다. 따라서 '(다) – (가) – (라) – (나)'의 순서로 나열하는 것이 가장 적절하다.

09
정답 ④

제시문은 '느낌'의 동질성 판단 방법을 주제로 삼아 '느낌'이라는 현상을 철학적인 관점에서 분석하고 있다. 자신의 '느낌'이 타인의 '느낌'과 같은지 판단하는 방법으로 유추적 방법과 과학적 방법을 검토한 뒤, 새로운 접근 방법으로 다양한 가설과 합리적인 해결책을 찾아야 한다고 주장하고 있다. (라) 문단은 (다) 문단에서 제기한 고전적인 해결책의 한계를 해결하기 위해 두뇌 속 뉴런을 관찰하는 과학적인 방법을 소개하고 있지만, 이러한 과학적인 방법에도 한계가 있다고 설명하고 있다. 따라서 ④는 적절하지 않다.

10
정답 ④

테아플라빈(Theaflavins)은 녹차가 아닌 홍차의 발효과정에서 생성된 것으로, 혈관 기능을 개선하며 혈당 수치를 감소시키는 역할을 한다. 녹차의 경우 카테킨에 함유된 EGCG(Epigallocatechin-3-gallate)가 혈중 콜레스테롤 수치를 낮추는 역할을 한다.

11
정답 ③

버스와 지하철을 모두 이용하는 직원은 $1,200 \times 0.23 = 276$명이고, 도보를 이용하는 직원 수는 $1,200 \times 0.39 = 468$명이다. 따라서 버스와 지하철 모두 이용하는 직원 수는 도보를 이용하는 직원 수보다 $468 - 276 = 192$명 적다.

오답분석
① 통근시간이 30분 이하인 직원은 $1,200 - (260 + 570 + 160) = 210$명으로 전체 직원 수의 $\frac{210}{1,200} \times 100 = 17.5\%$를 차지한다.
② 대중교통을 이용하는 직원 수는 $1,200 \times 0.45 = 540$명이고, 이 중 25%는 $540 \times 0.25 = 135$명이다. 따라서 60분 초과 인원의 80%인 $160 \times 0.8 = 128$명보다 많다.
④ 통근시간이 45분 이하인 직원은 $210 + 260 = 470$명이고, 60분 초과인 직원은 160명이므로 $\frac{470}{160} = 2.9$배이다.
⑤ 전체 직원이 900명이라고 할 때, 자가용을 이용하는 인원은 $900 \times 0.16 = 144$명이다.

12
정답 ①

도보 또는 버스만 이용하는 직원 중 25%는 $1,200 \times (0.39 + 0.12) \times 0.25 = 153$명이다. 30분 초과 45분 이하인 인원에서 도보 또는 버스만 이용하는 직원을 제외하면 $260 - 153 = 107$명이다. 따라서 이 인원이 자가용으로 출근하는 전체 인원에서 차지하는 비중은 $\frac{107}{1,200 \times 0.16} \times 100 = 56\%$이다.

13
정답 ⑤

2023년 전년 대비 멕시코의 지식재산권 사용료 지급 증가율은 $\frac{292 - 277}{277} \times 100 = 5.4\%$이고, 2022년 전년 대비 콜롬비아의 사용료 수입 감소율은 $\frac{52 - 46}{52} \times 100 = 11.5\%$이다. 따라서 $11.5 - 5.4 = 6.1\%$p 더 높다.

오답분석
① 2021 ~ 2023년 동안 지적재산권 사용료 수입이 지급보다 많은 국가는 미국과 파라과이이다.
② 2022 ~ 2023년까지 미국의 지식재산권 사용료 지급이 수입에서 차지하는 비중은 2022년 $\frac{44,392}{124,454} \times 100 = 35.7\%$, 2023년 $\frac{48,353}{127,935} \times 100 = 37.8\%$이다.

③ 2022 ~ 2023년 동안 전년 대비 지식재산권 수입과 지급이 증가한 나라는 '미국'이다.
④ 2021년 캐나다의 지식재산권 사용료 수입은 4,105백만 달러이고, 미국을 제외한 국가의 총수입은 $7+42+52+33+7+38=179$백만 달러이다. 따라서 캐나다의 지식재산권 사용료 수입이 $\frac{4,105}{179}≒22$배이다.

14 정답 ③

2022년 전년 대비 각 시설의 증가량은 축구장 $618-558=60$개소, 체육관 $639-581=58$개소, 간이운동장 $11,458-10,669=789$개소, 테니스장 $549-487=62$개소, 기타 $1,783-1,673=110$개소이다. 따라서 전년 대비 시설이 가장 적게 늘어난 체육관과 가장 많이 늘어난 간이운동장의 2022년 시설 수의 합은 $639+11,458=12,097$개소이다.

15 정답 ②

2020년 전체 공공체육시설 중 체육관이 차지하고 있는 비율은 $\frac{529}{467+529+9,531+428+1,387}×100≒4.3\%$이다.

16 정답 ⑤

2023년 공공체육시설의 수는 총 $649+681+12,194+565+2,038=16,127$개소이다.

오답분석
① 테니스장은 2022년에 전년 대비 $\frac{549-487}{487}×100≒12.7\%$ 증가했으므로 옳은 설명이다.
② 2021년 간이운동장의 수는 같은 해 축구장 수의 $\frac{10,669}{558}≒19.1$배이므로 옳은 설명이다.
③ 2023년 1인당 체육시설 면적은 2020년에 비해 $\frac{3.29}{2.54}≒1.3$배 증가했으므로 옳은 설명이다.
④ 2021년 축구장 수는 전년 대비 $558-467=91$개소 증가했다.

17 정답 ④

세제 1스푼의 양을 xg이라 하자.
$$\frac{5}{1,000}×2,000+4x=\frac{9}{1,000}×(2,000+4x)$$
$$∴ x=\frac{2,000}{991}$$
물 3kg에 들어갈 세제의 양을 yg이라 하자.
$$y=\frac{9}{1,000}×(3,000+y)$$
$$→ 1,000y=27,000+9y$$
$$∴ y=\frac{27,000}{991}$$
따라서 $\frac{\frac{27,000}{991}}{\frac{2,000}{991}}=13.5$스푼을 넣으면 농도가 0.9%인 세제 용액이 된다.

18 정답 ②

오답분석
① 자료보다 2019년 가정의 수치가 낮다.
③ 자료보다 2023년 가정의 수치가 높다.
④ 자료보다 2019년 회사의 수치가 높다.
⑤ 자료보다 2023년 공공시설의 수치가 높다.

19 정답 ①

2023년에 학생 만 명당 사교육비는 약 292억으로 통계 기간 중 가장 많다.

20 정답 ①

• 1학년 전체 학생 중 빨강을 좋아하는 학생 수의 비율 : $\frac{50}{250}×100=20\%$
• 2학년 전체 학생 중 노랑을 좋아하는 학생 수의 비율 : $\frac{75}{250}×100=30\%$

21 정답 ③

ㄱ. 유통 중인 농·수·축산물도 수거검사 대상임을 알 수 있다.
ㄴ. 수산물의 경우에도 총수은, 납 등과 함께 항생물질을 검사하고 있다.
ㄹ. 식품수거검사 결과 적발한 위해 정보는 식품의약안전청 홈페이지에서 확인할 수 있다.

오답분석
ㄷ. 월별 정기와 수시 수거검사가 있다.

22

정답 ④

주어진 조건을 표로 나타내면 다음과 같다.

구분	월요일	화요일	수요일	목요일	금요일
A	○	○/×	×	○	×/○
B	○	×	×	○	○
C	○	○/×	×	○	×/○
D	○	×	○	○	×
E	○	○	×	○	×

따라서 수요일에 야근하는 사람은 D이다.

23

정답 ②

도색이 벗겨진 차선과 지워지기 직전의 흐릿한 차선은 현재 직면하고 있으면서 바로 해결 방법을 찾아야 하는 문제이므로 눈에 보이는 발생형 문제에 해당한다. 발생형 문제는 기준을 이탈함으로써 발생하는 이탈 문제와 기준에 미달하여 생기는 미달 문제로 나누어 볼 수 있는데, 기사에서는 정해진 규격 기준에 미달하는 불량 도료를 사용하여 문제가 발생하였다고 하였으므로 이를 미달 문제로 분류할 수 있다. 따라서 기사에 나타난 문제는 발생형 문제로, 미달 문제에 해당한다.

24

정답 ⑤

주어진 예산은 3천만 원이므로 월 광고비용이 3,500만 원인 KTX는 제외된다. TV, 버스, 지하철, 포털사이트의 광고효과를 구하면 다음과 같다.

- TV : $\dfrac{3 \times 1,000}{30,000} = 0.1$

- 버스 : $\dfrac{1 \times 30 \times 100}{20,000} = 0.15$

- 지하철 : $\dfrac{60 \times 30 \times 2}{25,000} = 0.144$

- 포털사이트 : $\dfrac{50 \times 30 \times 5}{30,000} = 0.25$

따라서 A사원은 광고효과가 가장 높은 포털사이트를 선택한다.

25

정답 ②

각자의 총점이 0이고 각 영역의 점수 합이 0이므로, 인화력 점수를 매긴 후 차례대로 경우의 수를 확인하면 다음과 같다.

사원＼영역	업무 능력	리더십	인화력
A	−1	0	1
B	0	0	0
C	1	0	−1

사원＼영역	업무 능력	리더십	인화력
A	−1	0	1
B	1	−1	0
C	0	1	−1

사원＼영역	업무 능력	리더십	인화력
A	0	−1	1
B	0	0	0
C	0	1	−1

사원＼영역	업무 능력	리더십	인화력
A	0	−1	1
B	−1	1	0
C	1	0	−1

따라서 가능한 평가 결과표는 4개이다.

26

정답 ④

제시된 조건을 정리하면 다음과 같다.

7층	( ), G, 새
6층	축구, ( ), 고양이
5층	( ), D, 새
4층	축구, ( ), 고양이
3층	농구, E, 새
2층	축구, A, 고양이
1층	( ), B, 개

따라서 D는 5층에 산다.

오답분석

① C와 E가 이웃하려면 C가 4층에 살아야 하는데 조건만으로는 정확히 알 수 없다.
② G는 7층에 살며 새를 키우지만 어떤 스포츠를 좋아하는지는 알 수 없다.
③ 1층에 사는 B는 개를 키운다.
⑤ F가 4층에 사는지 6층에 사는지는 알 수 없다.

27 정답 ⑤

오늘 아침의 상황 중 은희의 취향과 관련된 부분을 정리하면 다음 과 같다.

- 스트레스를 받음
- 배가 고픔
- 피곤한 상황
- 커피만 마심
- 휘핑크림은 넣지 않음

먼저, 스트레스를 받았다고 하였으므로 휘핑크림이나 우유거품을 추가해야 하나 마지막 조건에서 휘핑크림을 넣지 않는다고 하였으 므로 우유거품만을 추가함을 알 수 있다. 또한 배가 고픈 상황이므 로 데운 우유가 들어간 커피를 마시게 된다. 따라서 이 모두를 포 함한 카푸치노를 주문할 것임을 추론할 수 있다.

28 정답 ④

오답분석

① 분석 자료에서 자사의 유통 및 생산 노하우가 부족하다고 분석 하였으므로 적절하지 않은 판단이다.
② 20대 지향 디지털마케팅 전략을 구사하기에 역량이 미흡하다 고 분석하였으므로 적절하지 않은 판단이다.
③ 분석 자료를 살펴보면 경쟁자들 중 상위업체가 하위업체와의 격차를 확대하기 위해서 파격적인 가격정책을 펼치고 있다고 하였으므로 적절하지 않은 판단이다.
⑤ 브랜드 경쟁력을 유지하기 위해 20대 SPA 시장 진출이 필요하 며 자사가 높은 브랜드 이미지를 가지고 있다는 내용은 자사의 상황분석과 맞지 않는 내용이므로 적절하지 않은 판단이다.

29 정답 ②

면접평가 결과를 점수로 변환하면 다음과 같다.

(단위 : 점)

구분	A	B	C	D	E
의사소통능력	100	100	100	80	50
문제해결능력	80	75	100	75	95
조직이해능력	95	90	60	100	90
대인관계능력	50	100	80	60	85

변환된 점수에 최종 합격자 선발기준에 따른 평가비중을 곱하여 최종 점수를 도출하면 다음과 같다.

- A : $100 \times 0.4 + 80 \times 0.3 + 95 \times 0.2 + 50 \times 0.1 = 88$점
- B : $100 \times 0.4 + 75 \times 0.3 + 90 \times 0.2 + 100 \times 0.1 = 90.5$점
- C : $100 \times 0.4 + 100 \times 0.3 + 60 \times 0.2 + 80 \times 0.1 = 90$점
- D : $80 \times 0.4 + 75 \times 0.3 + 100 \times 0.2 + 60 \times 0.1 = 80.5$점
- E : $50 \times 0.4 + 95 \times 0.3 + 90 \times 0.2 + 85 \times 0.1 = 75$점

따라서 최종 합격자는 B, C이다.

30 정답 ①

ⅰ) 게임 결과 총 14점을 획득하였고 두더지를 맞힌 횟수를 모두 더하면 12번이므로 대장 두더지 2번, 부하 두더지 10번을 맞 혔음을 알 수 있다.
ⅱ) A는 대장이든 부하든 상관없이 2번 맞았다고밖에 볼 수 없다. 왜냐하면 대장 두더지가 2번 맞은 것이 확정된 상황에서 만약 A가 2번이 아닌 다른 짝수 횟수만큼(4번) 맞았다고 한다면 A 는 맞은 두더지 중에 가장 적게 맞은 것이 아니기 때문이다. 또한 A는 '맞은 두더지 중'에 가장 적게 '맞았다'는 부분을 통 해 0이 될 수도 없다.
ⅲ) 한 번도 맞지 않은 두더지가 1마리라는 점에서 B와 C는 모두 0이 아님을 알 수 있으며 D 역시 자신의 발언을 통해 0이 아님을 확정할 수 있다. 따라서 한 번도 맞지 않은 두더지는 E이다.
ⅳ) A, C, D가 맞은 횟수의 합이 9번이므로 이를 만족하는 경우를 따져보면 다음과 같다.

A	B	C	D	E	합계
2		2	5	0	
2		3	4	0	
2		4	3	0	
2		5	2	0	

ⅴ) B와 C가 맞을 횟수가 같다는 조건과 전체 맞은 횟수의 합이 12번이라는 점을 고려하면 아래의 표와 같이 정리할 수 있다.

A	B	C	D	E	합계
2	2	2	5	0	11(×)
2	3	3	4	0	12
2	4	4	3	0	13(×)
2	5	5	2	0	14(×)

ⅵ) 위의 표에서 두 번째 경우만 모든 조건을 충족하며 이 중 2번 맞은 것은 A뿐이므로 A가 대장 두더지임을 알 수 있다.

31 정답 ③

룰렛을 돌렸을 때 상품별로 당첨될 확률을 구한 뒤, 상품별로 당첨 고객수를 도출하여 총액을 계산하는 방식으로 접근한다.

품목	당첨확률	당첨고객수 (＝상품수량)	총액
볼펜	$\dfrac{6}{16}$	$4,000 \times \dfrac{6}{16}$ $=1,500$명	$1,500 \times 500$ $=750,000$원
핸드로션	$\dfrac{4}{16}$	$4,000 \times \dfrac{4}{16}$ $=1,000$명	$1,000 \times 2,000$ $=2,000,000$원
휴대전화 거치대	$\dfrac{2}{16}$	$4,000 \times \dfrac{2}{16}$ $=500$명	$500 \times 3,000$ $=1,500,000$원

주방세제	$\frac{2}{16}$	$4,000 \times \frac{2}{16}$ $= 500$명	$500 \times 5,000$ $= 2,500,000$원
밀폐용기 세트	$\frac{1}{16}$	$4,000 \times \frac{1}{16}$ $= 250$명	$250 \times 10,000$ $= 2,500,000$원
상품권	$\frac{1}{16}$	$4,000 \times \frac{1}{16}$ $= 250$명	$250 \times 10,000$ $= 2,500,000$원
합계	1	4,000명	11,750,000원

따라서 해당 행사의 필요 예산금액의 총액은 11,750,000원이다.

32 정답 ④

각 지역에 가중치를 적용한 총점은 다음과 같다.

(단위 : 점)

지역	접근성	편의성	활용도	인지도	총점
갑	5×0.4 $= 2.0$	7×0.2 $= 1.4$	6×0.1 $= 0.6$	3×0.3 $= 0.9$	4.9
을	3×0.4 $= 1.2$	7×0.2 $= 1.4$	8×0.1 $= 0.8$	4×0.3 $= 1.2$	4.6
병	5×0.4 $= 2.0$	8×0.2 $= 1.6$	2×0.1 $= 0.2$	6×0.3 $= 1.8$	5.6
정	8×0.4 $= 3.2$	7×0.2 $= 1.4$	5×0.1 $= 0.5$	2×0.3 $= 0.6$	5.7
무	7×0.4 $= 2.8$	7×0.2 $= 1.4$	1×0.1 $= 0.1$	4×0.3 $= 1.2$	5.5

따라서 5.7점으로 총점이 가장 높은 정 지역이 개최지로 선정된다.

33 정답 ③

접근성과 편의성의 가중치를 바꾸어 계산한 항목의 점수는 다음과 같다.

(단위 : 점)

지역	접근성	편의성	활용도	인지도	총점
갑	5×0.2 $= 1.0$	7×0.4 $= 2.8$	6×0.1 $= 0.6$	3×0.3 $= 0.9$	5.3
을	3×0.2 $= 0.6$	7×0.4 $= 2.8$	8×0.1 $= 0.8$	4×0.3 $= 1.2$	5.4
병	5×0.2 $= 1.0$	8×0.4 $= 3.2$	2×0.1 $= 0.2$	6×0.3 $= 1.8$	6.2
정	8×0.2 $= 1.6$	7×0.4 $= 2.8$	5×0.1 $= 0.5$	2×0.3 $= 0.6$	5.5
무	7×0.2 $= 1.4$	7×0.4 $= 2.8$	1×0.1 $= 0.1$	4×0.3 $= 1.2$	5.5

따라서 6.2점으로 총점이 가장 높은 병 지역이 선정된다.

34 정답 ②

물품관리 대장에서는 관리팀에서 2017년에 구매한 문구류 (MN - 17 - 0010)는 찾을 수 없다.

오답분석

① 총무팀에서 2022년에 구매한 사무용 가구 : ST - 22 - 0100
③ 대출팀에서 2012년에 구매한 사무용 가구 : LA - 12 - 0100
④ 신용팀에서 2016년에 구매한 전자기기 : CD - 16 - 1000
⑤ 판매팀에서 2021년에 구매한 문구류 : SL - 21 - 0010

35 정답 ⑤

ST - 14 - 0100은 총무팀에서 2014년에 구매한 회의실 책상이다. 따라서 구매한 지 9년 이상 경과했으므로 교체할 수 있다.

36 정답 ①

파손된 물품은 볼펜, TV, 사무실 서랍장, 회의실 의자이며, 각 물품의 중고판매 시 수익금은 다음과 같다.
• 볼펜 : $0.3 \times 20 \times 0 = 0$원
• TV : $120 \times 1 \times 0.55 = 66$만 원
• 사무실 서랍장 : $10 \times 3 \times 0.35 = 10.5$만 원
• 회의실 의자 : $5 \times 10 \times 0.55 = 27.5$만 원
따라서 총판매수익금은 $66 + 10.5 + 27.5 = 104$만 원이다.

37 정답 ②

하루에 6명 이상 근무해야 하기 때문에 2명까지만 휴가를 중복으로 쓸 수 있다. G사원이 4일 동안 휴가를 쓰면서 최대 휴가 인원이 2명만 중복되게 하려면 6 ~ 11일만 가능하다.

오답분석

① G사원은 4일 이상 휴가를 사용해야 하기 때문에 3일인 7 ~ 11일은 불가능하다.
③ · ④ · ⑤ 4일 이상 휴가를 사용하지만 하루에 6명 미만의 인원이 근무하게 되어 불가능하다.

38 정답 ③

• K연수원 견적금액 산출
  - 교육은 두 곳에서 진행된다. 인원은 총 50명이므로 세미나 1, 2호실에서 나누어 진행하는 것이 적절하며, 숙박은 하지 않으므로 인당 15,000원의 이용료가 발생한다.
    ∴ $15,000 \times 50 = 750,000$원(∵ 강의실 기본금은 인당 1만 원 기준으로 계산되어 있으므로 별도로 고려할 필요 없음)
  - 예산이 가능하다면 저녁은 차림식으로 한다는 점을 고려한다.
    경우 1) 두 끼 식사가 자율식일 경우
      : $8,000 \times 50 \times 2 = 800,000$원

경우 2) 자율식 한 끼, 차림식 한 끼일 경우
: $8,000 \times 50 + 15,000 \times 50 = 1,150,000$원
→ 예산이 2백만 원이므로 경우 2가 가능하다.
∴ K연수원 견적금액 : $750,000 + 1,150,000 = 1,900,000$원
• 사전예약 10% 할인 적용
: $1,900,000 \times (1 - 0.1) = 1,710,000$원
• 계약금 계산(견적금액의 10%)
: $1,710,000 \times 0.1 = 171,000$원

39   정답 ④

워크숍을 진행하기 10일 전에 취소하였으므로 위약금이 발생되며, 견적금액의 50%가 위약금이 된다.
따라서 위약금은 $1,710,000 \times 0.5 = 855,000$원이다.

40   정답 ③

A와 D는 각각 문제해결능력과 의사소통능력에서 과락이므로 제외한다.
합격 점수 산출법에 따라 계산하면 다음과 같다.
• B : $65 \times 0.6 + 70 \times 0.3 + 55 \times 0.4 = 82$점
• C : $60 \times 0.6 + 55 \times 0.3 + 50 \times 0.4 = 72.5$점
• E : $90 \times 0.6 + 80 \times 0.3 + 49 \times 0.4 = 97.6$점
따라서 합격자는 B와 E이다.

41   정답 ②

(가) &a는 변수 a의 시작 주소값이므로 주소 상수이다.
(다) p는 포인터이다.
(라) *p는 p가 가리키는 변수 a이다.

42   정답 ②

「=INDEX(범위,행,열)」는 해당하는 범위 안에서 지정한 행, 열의 위치에 있는 값을 출력한다. 따라서 [B2:D9]의 범위에서 2행 3열에 있는 값인 23,200,0000이 적절하다.

43   정답 ③

와일드카드 문자인 '?'는 해당 위치의 한 문자를 대신할 수 있으며, '*'는 모든 문자를 대신할 수 있다. 따라서 찾을 내용에 '가?'는 '가'로 시작하는 두 글자 단어를 나타내며, 모두 바꾸기를 실행하였을 경우 나타나는 결괏값으로 ③이 옳다.

44   정답 ②

날짜는 숫자로 취급을 받아서 기본적으로 오른쪽 정렬이 된다.

45   정답 ⑤

의심이 가는 메일은 열어보지 않는다.

46   정답 ③

[A1:B4] 영역으로 차트를 만들었기 때문에 [A5:B5]는 차트의 원본데이터 범위가 아니므로 자동추가되지 않는다.

47   정답 ①

LEN 함수는 문자열의 문자 수를 구하는 함수이므로 숫자를 반환한다. 「=LEN(A2)」은 '서귀포시'로 문자 수가 4이며 여기서 -1을 하면 [A2] 열의 3번째 문자까지를 지정하는 것이므로 [C2] 셀과 같이 나온다. 텍스트 문자열의 시작지점부터 지정한 수만큼의 문자를 반환하는 LEFT 함수를 사용하면 「=LEFT(A2,LEN(A2)-1)」가 옳다.

48   정답 ①

오답분석

② 〈Ctrl〉+〈N〉 : 새로 만들기
③ 〈Alt〉+〈F1〉 : 차트 삽입
④ 〈Enter〉 : 셀 이동
⑤ 〈Ctrl〉+〈Enter〉 : 범위에 같은 내용 입력

49   정답 ④

데이터 중복을 최소화하는 것이 데이터베이스 관리 시스템의 가장 중요한 특징이다.

50   정답 ③

핀테크(Fintech)는 금융(Financial)과 기술(Technology)의 합성어로, 금융과 IT의 융합을 통한 금융서비스 및 산업의 변화를 말한다.

오답분석

① P2P : 'Peer to Peer network'의 약자로, 기존의 서버와 클라이언트 개념이나 공급자와 소비자 개념에서 벗어나 개인 컴퓨터끼리 직접 연결하고 검색함으로써 모든 참여자가 공급자인 동시에 수요자가 되는 형태를 말한다.
② O2O : 'Online to Offline'의 약자로, 정보 유통 비용이 저렴한 온라인과 실제 소비가 일어나는 오프라인의 장점을 접목해 새로운 시장을 만드는 것을 의미한다.
④ IoT : 사물에 센서를 부착해 실시간으로 데이터를 인터넷으로 주고받는 기술이나 환경을 말한다.
⑤ 클라우드 : 사용하려고 하는 자료와 소프트웨어를 인터넷상의 서버에 저장하고, 인터넷에 접속하기만 하면 언제 어디서든 자료를 사용할 수 있는 컴퓨터 환경이다.

한국가스공사 필기전형 답안카드

성 명

지원 분야

문제지 형별기재란

( )형   Ⓐ
         Ⓑ

수험번호

⓪	⓪	⓪	⓪	⓪	⓪	⓪	
①	①	①	①	①	①	①	
②	②	②	②	②	②	②	
③	③	③	③	③	③	③	
④	④	④	④	④	④	④	
⑤	⑤	⑤	⑤	⑤	⑤	⑤	
⑥	⑥	⑥	⑥	⑥	⑥	⑥	
⑦	⑦	⑦	⑦	⑦	⑦	⑦	
⑧	⑧	⑧	⑧	⑧	⑧	⑧	
⑨	⑨	⑨	⑨	⑨	⑨	⑨	

감독위원 확인

(인)

문번	답란	문번	답란	문번	답란
1	① ② ③ ④ ⑤	21	① ② ③ ④ ⑤	41	① ② ③ ④ ⑤
2	① ② ③ ④ ⑤	22	① ② ③ ④ ⑤	42	① ② ③ ④ ⑤
3	① ② ③ ④ ⑤	23	① ② ③ ④ ⑤	43	① ② ③ ④ ⑤
4	① ② ③ ④ ⑤	24	① ② ③ ④ ⑤	44	① ② ③ ④ ⑤
5	① ② ③ ④ ⑤	25	① ② ③ ④ ⑤	45	① ② ③ ④ ⑤
6	① ② ③ ④ ⑤	26	① ② ③ ④ ⑤	46	① ② ③ ④ ⑤
7	① ② ③ ④ ⑤	27	① ② ③ ④ ⑤	47	① ② ③ ④ ⑤
8	① ② ③ ④ ⑤	28	① ② ③ ④ ⑤	48	① ② ③ ④ ⑤
9	① ② ③ ④ ⑤	29	① ② ③ ④ ⑤	49	① ② ③ ④ ⑤
10	① ② ③ ④ ⑤	30	① ② ③ ④ ⑤	50	① ② ③ ④ ⑤
11	① ② ③ ④ ⑤	31	① ② ③ ④ ⑤		
12	① ② ③ ④ ⑤	32	① ② ③ ④ ⑤		
13	① ② ③ ④ ⑤	33	① ② ③ ④ ⑤		
14	① ② ③ ④ ⑤	34	① ② ③ ④ ⑤		
15	① ② ③ ④ ⑤	35	① ② ③ ④ ⑤		
16	① ② ③ ④ ⑤	36	① ② ③ ④ ⑤		
17	① ② ③ ④ ⑤	37	① ② ③ ④ ⑤		
18	① ② ③ ④ ⑤	38	① ② ③ ④ ⑤		
19	① ② ③ ④ ⑤	39	① ② ③ ④ ⑤		
20	① ② ③ ④ ⑤	40	① ② ③ ④ ⑤		

한국가스공사 필기전형 답안카드

번호	①	②	③	④	⑤	번호	①	②	③	④	⑤	번호	①	②	③	④	⑤
1	①	②	③	④	⑤	21	①	②	③	④	⑤	41	①	②	③	④	⑤
2	①	②	③	④	⑤	22	①	②	③	④	⑤	42	①	②	③	④	⑤
3	①	②	③	④	⑤	23	①	②	③	④	⑤	43	①	②	③	④	⑤
4	①	②	③	④	⑤	24	①	②	③	④	⑤	44	①	②	③	④	⑤
5	①	②	③	④	⑤	25	①	②	③	④	⑤	45	①	②	③	④	⑤
6	①	②	③	④	⑤	26	①	②	③	④	⑤	46	①	②	③	④	⑤
7	①	②	③	④	⑤	27	①	②	③	④	⑤	47	①	②	③	④	⑤
8	①	②	③	④	⑤	28	①	②	③	④	⑤	48	①	②	③	④	⑤
9	①	②	③	④	⑤	29	①	②	③	④	⑤	49	①	②	③	④	⑤
10	①	②	③	④	⑤	30	①	②	③	④	⑤	50	①	②	③	④	⑤
11	①	②	③	④	⑤	31	①	②	③	④	⑤						
12	①	②	③	④	⑤	32	①	②	③	④	⑤						
13	①	②	③	④	⑤	33	①	②	③	④	⑤						
14	①	②	③	④	⑤	34	①	②	③	④	⑤						
15	①	②	③	④	⑤	35	①	②	③	④	⑤						
16	①	②	③	④	⑤	36	①	②	③	④	⑤						
17	①	②	③	④	⑤	37	①	②	③	④	⑤						
18	①	②	③	④	⑤	38	①	②	③	④	⑤						
19	①	②	③	④	⑤	39	①	②	③	④	⑤						
20	①	②	③	④	⑤	40	①	②	③	④	⑤						

성 명

지원 분야

문제지 형별기재란

( )형   Ⓐ Ⓑ

수 험 번 호

⓪	①	②	③	④	⑤	⑥	⑦	⑧	⑨
⓪	①	②	③	④	⑤	⑥	⑦	⑧	⑨
⓪	①	②	③	④	⑤	⑥	⑦	⑧	⑨
⓪	①	②	③	④	⑤	⑥	⑦	⑧	⑨
⓪	①	②	③	④	⑤	⑥	⑦	⑧	⑨
⓪	①	②	③	④	⑤	⑥	⑦	⑧	⑨
⓪	①	②	③	④	⑤	⑥	⑦	⑧	⑨

감독위원 확인

(인)

한국가스공사 필기전형 답안카드

번호	①	②	③	④	⑤	번호	①	②	③	④	⑤	번호	①	②	③	④	⑤
1	①	②	③	④	⑤	21	①	②	③	④	⑤	41	①	②	③	④	⑤
2	①	②	③	④	⑤	22	①	②	③	④	⑤	42	①	②	③	④	⑤
3	①	②	③	④	⑤	23	①	②	③	④	⑤	43	①	②	③	④	⑤
4	①	②	③	④	⑤	24	①	②	③	④	⑤	44	①	②	③	④	⑤
5	①	②	③	④	⑤	25	①	②	③	④	⑤	45	①	②	③	④	⑤
6	①	②	③	④	⑤	26	①	②	③	④	⑤	46	①	②	③	④	⑤
7	①	②	③	④	⑤	27	①	②	③	④	⑤	47	①	②	③	④	⑤
8	①	②	③	④	⑤	28	①	②	③	④	⑤	48	①	②	③	④	⑤
9	①	②	③	④	⑤	29	①	②	③	④	⑤	49	①	②	③	④	⑤
10	①	②	③	④	⑤	30	①	②	③	④	⑤	50	①	②	③	④	⑤
11	①	②	③	④	⑤	31	①	②	③	④	⑤						
12	①	②	③	④	⑤	32	①	②	③	④	⑤						
13	①	②	③	④	⑤	33	①	②	③	④	⑤						
14	①	②	③	④	⑤	34	①	②	③	④	⑤						
15	①	②	③	④	⑤	35	①	②	③	④	⑤						
16	①	②	③	④	⑤	36	①	②	③	④	⑤						
17	①	②	③	④	⑤	37	①	②	③	④	⑤						
18	①	②	③	④	⑤	38	①	②	③	④	⑤						
19	①	②	③	④	⑤	39	①	②	③	④	⑤						
20	①	②	③	④	⑤	40	①	②	③	④	⑤						

※ 본 답안지는 마킹연습용 모의 답안지입니다.

한국가스공사 필기전형 답안카드

	1	2	3	4	5			1	2	3	4	5			1	2	3	4	5
1	①	②	③	④	⑤	21	①	②	③	④	⑤	41	①	②	③	④	⑤
2	①	②	③	④	⑤	22	①	②	③	④	⑤	42	①	②	③	④	⑤
3	①	②	③	④	⑤	23	①	②	③	④	⑤	43	①	②	③	④	⑤
4	①	②	③	④	⑤	24	①	②	③	④	⑤	44	①	②	③	④	⑤
5	①	②	③	④	⑤	25	①	②	③	④	⑤	45	①	②	③	④	⑤
6	①	②	③	④	⑤	26	①	②	③	④	⑤	46	①	②	③	④	⑤
7	①	②	③	④	⑤	27	①	②	③	④	⑤	47	①	②	③	④	⑤
8	①	②	③	④	⑤	28	①	②	③	④	⑤	48	①	②	③	④	⑤
9	①	②	③	④	⑤	29	①	②	③	④	⑤	49	①	②	③	④	⑤
10	①	②	③	④	⑤	30	①	②	③	④	⑤	50	①	②	③	④	⑤
11	①	②	③	④	⑤	31	①	②	③	④	⑤						
12	①	②	③	④	⑤	32	①	②	③	④	⑤						
13	①	②	③	④	⑤	33	①	②	③	④	⑤						
14	①	②	③	④	⑤	34	①	②	③	④	⑤						
15	①	②	③	④	⑤	35	①	②	③	④	⑤						
16	①	②	③	④	⑤	36	①	②	③	④	⑤						
17	①	②	③	④	⑤	37	①	②	③	④	⑤						
18	①	②	③	④	⑤	38	①	②	③	④	⑤						
19	①	②	③	④	⑤	39	①	②	③	④	⑤						
20	①	②	③	④	⑤	40	①	②	③	④	⑤						

※ 본 답안지는 마킹연습용 모의 답안지입니다.

성 명

지원 분야

문제지 형별기재란

(A)
(B)

형

수 험 번 호

⓪	①	②	③	④	⑤	⑥	⑦	⑧	⑨
⓪	①	②	③	④	⑤	⑥	⑦	⑧	⑨
⓪	①	②	③	④	⑤	⑥	⑦	⑧	⑨
⓪	①	②	③	④	⑤	⑥	⑦	⑧	⑨
⓪	①	②	③	④	⑤	⑥	⑦	⑧	⑨
⓪	①	②	③	④	⑤	⑥	⑦	⑧	⑨
⓪	①	②	③	④	⑤	⑥	⑦	⑧	⑨

감독위원 확인

(인)

2025 최신판 시대에듀 사이다 모의고사
한국가스공사 NCS

개정11판1쇄 발행	2025년 04월 15일 (인쇄 2025년 04월 07일)
초 판 발 행	2018년 06월 05일 (인쇄 2018년 05월 21일)
발 행 인	박영일
책 임 편 집	이해욱
편 저	SDC(Sidae Data Center)
편 집 진 행	김재희 · 김미진
표지디자인	조혜령
편집디자인	유가영 · 임창규
발 행 처	(주)시대고시기획
출 판 등 록	제10-1521호
주 소	서울시 마포구 큰우물로 75 [도화동 538 성지 B/D] 9F
전 화	1000 0000
팩 스	02-701-8823
홈 페 이 지	www.sdedu.co.kr
I S B N	979-11-383-9260-0 (13320)
정 가	18,000원

사~싸싸
이 사일 동안
이것만 풀면
이
다 합격!
다다다

한국가스공사
NCS

기업별 맞춤 학습 "기본서" 시리즈

공기업 취업의 기초부터 심화까지! 합격의 문을 여는 **Hidden Key!**

기업별 시험 직전 마무리 "모의고사" 시리즈

실제 시험과 동일하게 마무리! 합격을 향한 **Last Spurt!**

NEXT STEP

시대에듀가 합격을 준비하는
당신에게 제안합니다.

성공의 기회
시대에뉴를 잡으십시오.

시대에듀

기회란 포착되어 활용되기 전에는 기회인지조차 알 수 없는 것이다.
- 마크 트웨인 -